VOYAGE EN ITALIE

DANS L'ANNÉE 1815.

VOYAGE
EN ITALIE

DANS

L'ANNÉE 1815,

PAR GEORGE MALLET.

PARIS,

J. J. Paschoud, Libraire, rue Mazarine n.º 22.

GENÈVE,

Même maison de commerce.

1817.

VOYAGE EN ITALIE

DANS L'ANNÉE 1815.

~~~~~~

CHAPITRE PREMIER.

LE MONT-CENIS. — TURIN. — GÉNES.

En présentant quelques détails sur la portion de l'Italie que j'ai parcourue, je ne prétends point donner une idée complète de ce beau pays; un séjour de cinq ou six mois est insuffisant pour apprécier cette contrée, qui exige, chez celui qui veut la connoître, une instruction très-variée. Les Italiens se plaignent que des étrangers qui ont passé l'hiver à courir de Florence à Rome, de Rome à Naples, veulent, à leur retour, tout connoître, tout expliquer, littérature, beaux-arts, commerce, gouvernement. Ce peuple, forcé de supporter le joug des ultramontains, ne veut pas être jugé par eux; il réclame contre des arrêts rendus souvent à la légère. Mais si le voyageur ne doit pas prétendre à la connoissance exacte du pays

qu'il parcourt, les impressions vives lui appar-
tiennent plus qu'aux nationaux, qui ne peuvent
être fortement frappés par les objets qu'ils ont
toujours vus. Les événemens politiques de 1815
ajoutent quelque intérêt au récit d'un voyage
fait à l'époque d'une révolution dans une partie
de l'Italie.

Nous partîmes de Genève au milieu de janvier
1815; nous voyageâmes toute la nuit; le lendemain matin, nous arrivâmes à Saint-Jean-de-
Maurienne, capitale de la province de ce nom.
Les environs de Saint-Jean sont peu fertiles; une
rivière couvre de son lit pierreux une grande
étendue; les plantes, les arbres, les animaux
mêmes, semblent arrêtés dans leur croissance :
un temps sombre et froid rendoit le tableau plus
triste. On éprouve un sentiment de pitié pour
les pauvres habitans; le pays ne leur fournissant
pas des ressources suffisantes; une partie est
forcée de s'expatrier et de chercher des moyens
de subsistance en France et en Italie; l'autre,
occupée du soin des troupeaux, de la fabrica-
tion de draps grossiers et de la préparation du
chanvre, vit de laitage et de pain de seigle
dans ses demeures couvertes de neige.

« La manière dont les caravanes des jeunes

montagnards s'organisent (*dit le chanoine
Grillet, Dict. hist. de la Savoie*), est trop
singulière pour ne pas mériter d'être racontée.
Un vieux marchand de Saint-Ferréol à qui l'ex-
périence de plusieurs courses avoit donné une
connoissance exacte des pays qu'il avoit par-
courus et des petits profits que l'on pouvoit y
faire pendant l'hiver, rassembloit dans les ha-
meaux toute la jeunesse qui vouloit le suivre.

Les pères de famille s'empressoient de lui
présenter leurs enfans ; de louer leur intelli-
gence, leur santé et leurs talens ; le marchand,
en bon recruteur, examinoit attentivement leur
conformation, les interrogeoit sur les connoissances déjà acquises en fait de négoce, de service et d'industrie, et décidoit du prix qu'il
pouvoit promettre aux chefs de famille pour se
servir de leurs enfans pendant la course hiver-
nale. Six écus de six francs furent celui des
garçons de dix-huit à vingt ans ; quatre écus
furent promis à ceux de la seconde classe ; et
ceux qui n'avoient que douze ans n'apportèrent
à leur maison que douze francs. Dès que les
propositions furent acceptées, toute cette jeunesse se trouva au service et sous l'autorité du
marchand ; chaque père recommanda à ses enfans de lui obéir, de le respecter et de lui te-

nir compte de tous les profits ; de pratiquer
avec exactitude les devoirs de la religion, et
de revenir dans le pays sans aucun reproche
le printemps prochain. »

Le hasard conduisit un étranger dans la demeure où se réunissoient à Paris ces jeunes-
gens. Passant un jour sur le Pont-Neuf, il s'arrêta auprès d'un enfant malade qui demandoit
l'aumône : frappé de sa misère, l'étranger s'in-
forme de sa patrie, de ses moyens d'existence ;
l'enfant lui répond qu'il est Savoyard ; qu'un
accident l'a forcé de cesser son travail; il offre
de le conduire dans le lieu où il habite avec
plusieurs de ses compatriotes. L'étranger le suit
dans un quartier ignoré de l'île Saint-Louis, et
entre avec lui dans une grande chambre. C'est
là que se retiroient chaque soir tous les membres de la colonie, qui du pied des Alpes étoit
venue établir sa demeure sur les bords de la
Seine; le petit marchand qui parcouroit les rues
avec sa balle et qui étaloit ses marchandises sur
les quais, le joueur d'orgues, le montreur de
marmottes, et

«   ..... ces honnêtes enfans,
» Dont la main légèrement essuie
» Les longs canaux engorgés par la suie,

revenoient le soir au même gîte; deux paysans

âgés recevoient l'argent et leur faisoient rendre
compte de leur journée. La soirée étoit con-
sacrée à l'instruction : ces enfans apprenoient
à écrire, à lire ; ils étudioient le catéchisme,
ils le copioient, ils écrivoient à leurs parens.
On maintenoit ainsi parmi eux cette habitude
d'ordre et cette probité qui distinguent leur
nation et qui leur assurent la confiance, lorsque
devenus grands ils passent à un emploi plus
lucratif.

La nouvelle route du Mont-Cenis a assuré
à la Maurienne de plus grands moyens d'industrie. C'est de Saint-Jean, que commencent
les travaux ; on voit dans les petites villes de
Saint-Michel et de Modane, un grand nombre
de maisons neuves et d'auberges qui s'enrichissent du passage des voyageurs et de celui
des marchandises d'Italie. Peu à peu les montagnes se resserrent, deviennent stériles, la
culture disparoît.

Nous sommes tirés de nos réflexions et de
la vue de ce triste paysage par le son d'un violon ; une noce de village conduite par un mé-
nétrier, cheminoit gaiement malgré les sombres
nuages qui menaçoient la fête ; l'épouse étoit
parée d'énormes pendans d'oreilles et d'ornemens qu'elle ne craignoit pas d'exposer au mau-

vais temps. Les coups de la cloche d'une chapelle placée sur une éminence au-dessus de la
route, annonçoient que la cérémonie venoit d'y
être célébrée ; une jeune fille, restée seule devant la porte de l'église , pensive et rêveuse,
suivoit des yeux la troupe qui s'éloignoit d'elle.

Nous parcourions ce pays sauvage sur une
route superbe , élevée en chaussée dans les
terrains marécageux ; des aquéducs et des réservoirs recevoient l'eau des montagnes ; ailleurs, de hauts rochers étoient abattus, et des
murs soutenoient les terres profondément
coupées.

Les montagnes se succédoient et s'élevoient à
mesure que nous nous enfoncions dans les gorges ; leur forme devenoit plus rude, et leur aspect plus sévère. La neige tomboit avec force,
et les sommets des pics disparoissoient dans les
tourbillons ; la rivière d'Arcq , dont nous sui-
vions le cours , coulant sur un lit de neige ,
paroissoit noire au milieu de la blancheur de ses
rives ; quelques paysans descendoient la montagne , chassant devant eux des mulets chargés
de bois, et traversoient la rivière sur ces légers ponts si multipliés dans les Alpes.

Au milieu de ces scènes sauvages, l'homme
se sent accablé devant des masses si dispropor-

tionnées avec ses forces ; dans la plaine, il commande ; à son gré la nature se couvre de fleurs et de moissons, et semble attendre ses ordres pour revêtir sa parure ; mais quel droit a-t-il sur les cimes que l'aigle seul peut atteindre, et où l'hiver exerce toutes ses fureurs ? Les arbres qui y bravent les vents les plus impétueux, n'ont point crû pour lui fournir leur ombrage, et ne seront jamais placés à son foyer ; tandis qu'il rampe lentement au fond des vallées, le moindre des rochers qui le dominent l'écraseroit dans sa chute.

A la fin de la journée, le soleil, avant de se coucher, vint éclairer un moment ces sombres montagnes, et nous donna l'espoir d'un beau jour pour le passage du Mont-Cenis ; la nuit succéda bientôt à ses rayons, et nous cheminâmes dans l'obscurité. La lumière qui brilloit dans les habitations, nous annonçoit de temps en temps un village ; tout-à-coup le postillon tourne brusquement, une grande porte s'ouvre, le bruit des pas des chevaux retentit dans la voûte sous laquelle la voiture s'enfonce. A la vue du grand bâtiment où nous entrions, je me crus transporté dans ces châteaux que les romanciers placent dans les montagnes. Nous étions à Lanslebourg ; un domestique avec des flambeaux de résine, vient nous recevoir au bas de l'escalier ; nous parcourons de longs corridors où pénètre l'air glacé des Alpes ; un feu de sapin, qu'on se hâte d'allumer, petille et remplit d'éclats enflammés notre chambre, sans la réchauffer.

Nous descendîmes dans une salle où étoit préparé notre souper ; un grand poîle y réunissoit les individus de la maison. L'hôte vint nous entretenir pendant le repas : il avoit auprès de lui deux chiens énormes, dont il nous vanta la force et le courage, et qui lui avoient plus d'une fois sauvé la vie, lorsque voyageant de nuit il avoit été attaqué par des brigands : un marchand qui revenoit d'Italie, et qui soupoit à côté de nous, saisit ce moment pour raconter tous les assassinats qui se commettoient dans ce pays. Aux récits de vols et de meurtres, succédèrent ceux des avalanches et des accidens arrivés aux voyageurs surpris par la tourmente sur le Mont-Cenis ; et jusqu'au garçon d'écurie, debout à quelques pas derrière son maître, chacun auroit été honteux de n'avoir pas une histoire tragique à faire à l'assemblée.

Le village de Lanslebourg au pied du Mont-Cenis est élevé de six cent quatre-vingt-neuf toises au-dessus de la mer ; la situation en est triste ; on n'y sème et on n'y recueille rien ; le bois même y est fort rare : les montagnes qui dominent ce lieu sont si hautes, que les habitans passent deux mois sans voir le soleil ; à la St. Antoine, nous dit l'aubergiste, le premier rayon tombe sur les cloches de l'église, et l'astre fidèle ramène chaque année en ce jour la joie dans le village. Les paysans y sont tous aubergistes, colporteurs, guides ou muletiers. Le vaste bâtiment où l'on reçoit les étrangers a été construit par les ordres et aux frais du Gouvernement françois.

Nous partîmes de Lanslebourg avant le jour, renfermés dans notre voiture ; plusieurs chevaux, placés à la suite les uns des autres, la traînoient avec peine dans les neiges, et formoient un long attelage ; les postillons suivoient à pied, les excitant par leurs cris et des claquemens de fouets : des paysans, qui prétendoient nous être nécessaires pour soutenir la voiture dans les mauvais pas, augmentoient notre cortége.

Le jour parut peu-à-peu. A travers le givre qui se formoit sans cesse sur les glaces de la voiture, nous découvrions la montagne couverte d'une neige épaisse qui cachoit les rochers et adoucissoit leurs formes rudes et tranchantes; ces masses, d'une blancheur éclatante et pure, se détachoient sur un ciel bleu foncé où brilloient encore quelques étoiles.

La plaine du Mont-Cenis, qui forme la partie la plus élevée du passage, est longue d'une lieue et demie; au milieu se trouvent la maison de la poste, l'hospice, l'église; et plus loin une caserne fortifiée, dans l'enceinte de laquelle les voitures pénètrent sur un pont-levis, et où l'on s'arrête pour faire viser les passeports : ces bâtimens forment une espèce de village; à droite est un petit lac qui, couvert de glace, se confondoit avec les neiges d'alentour. En été, l'aspect de cette plaine est riant; elle est couverte d'une herbe épaisse; les troupeaux qu'on y conduit vont se désaltérer sur les bords du lac, ornés de fleurs. Cette portion de la route est exposée à des coups de vent d'une violence extrême qui transportent la neige en tourbillons, l'enlèvent presque entièrement à de certains endroits, et l'entassent au pied des rochers, ce qui rend la route inégale.

Le temps étoit superbe lorsque nous traversâmes la plaine au grand trot de nos chevaux, suivis de notre escorte de paysans qui couroient à côté de la voiture; mais avant que nous eussions atteint la descente, le vent qui se formoit, soulevoit la neige de la surface en poussière fine, et nous voyions s'élever de dessus toute la plaine comme une fumée blanche.

La descente devient rapide au village de la Grand-Croix ; la route se replie plusieurs fois sur elle-même pour adoucir l'inclinaison de la montagne par ses nombreux contours ; le voyageur voit se déployer à ses pieds le chemin entier qui le conduira dans les plaines du Piémont. Nous descendons avec vitesse sur ces pentes couvertes d'une couche de glace ; le vent pénétrant par des gorges, grondoit avec une force incroyable ; nous apercevons dans le fond des vallées des villages dont le clocher et les toits s'élèvent au-dessus de la neige , entr'autres celui de la Novalèse, où la route passoit autrefois. Bientôt nous atteignons un climat plus doux ; des forêts de châtaigniers couvrent le flanc de la montagne; la vigne paroît : nous arrivons à Suze, à l'entrée d'une fertile vallée ; quelques heures après , nous parcourions la superbe avenue de Turin, et nous découvrions la colline et l'église de la *Superga* , qui dominent cette ville.

Avec quelle promptitude le voyageur voit se succéder des scènes différentes ! Le soir même nous assistons à une représentation du grand

opéra, que rendoient fort brillante la présence
de la cour et la foule attirée par une pièce
nouvelle ; l'esprit encore frappé de ces montagnes d'où nous sortions, nous étions étourdis
du bruit, de l'éclat des lumières, de la musique, de la beauté du spectacle ; nous nous
demandions si c'étoit le matin même que nous
avions parcouru ces contrées où vivoit un
peuple enseveli sous les glaces.

La nouvelle route du Mont-Cenis est un
des plus beaux ouvrages du règne de Bonaparte ; avant sa construction, ce passage en
Italie étoit difficile ; les neiges dont il étoit
couvert une partie de l'année, cachoient aux
voyageurs la direction du chemin ; souvent ils
étoient surpris par des avalanches ; on étoit
obligé de démonter les voitures à Lanslebourg,
et de les transporter à dos de mulet de l'autre
côté de la montagne.

M.' Courtin, dans son ouvrage sur les Ponts
et Chaussées, donne des détails sur les travaux
de cette route, qui a neuf lieues de longueur,
et dont la dépense s'élevoit, à l'époque à laquelle
il écrivoit, à six millions de francs ; il retrace les
obstacles que les ingénieurs ont rencontrés dans
l'exécution de leur entreprise.

Des torrens, dont le cours irrégulier et le

lit étendu nécessitoient la construction de ponts
hardis ; des avalanches qui, se formant à une
grande hauteur , tomboient chaque année à
une certaine époque , et dont il falloit éviter
la direction , prévenir la chute ou diminuer la
force par des travaux avancés, par des palliers,
des galeries; des rochers à percer, comme ceux
au-dessus de la plaine de Saint-Nicolas , où
la route , sur une longueur de plus de 100
toises , est coupée dans un granit d'une hauteur prodigieuse , que les chamois mêmes ne
pouvoient gravir.

Malgré ces obstacles , la route s'élevant par
une pente douce en se repliant sur elle-même,
semble avoir été tracée sans efforts ; rien ne
gêne ses sinuosités régulières et gracieuses. Du
côté de l'Italie, elle est de même formée par
des rampes que le voyageur parcourt rapidement, et qui le conduisent en peu de temps
des sommets glacés, dans des vergers charmans ;
des barrières placées le long des chaussées escarpées , rassurent son imagination , lorsque
dans sa course , il voit, à une grande profondeur à ses pieds , des vallées et des villages
qu'il atteindra bientôt. Sur la partie la plus
élevée de la montagne , on a construit des
maisons de refuge ; elles sont habitées par les

ouvriers chargés de l'entretien du chemin, et par leurs femmes, qui y vendent des vivres aux passagers; la direction de la route est indiquée par des perches assez rapprochées pour que le voyageur, dans les temps de neige et de brouillards, puisse être conduit d'un refuge à l'autre; dans le cas où l'orage les rendroit insuffisantes, il est dirigé par le son d'une cloche dont ces maisons sont pourvues.

Le gouvernement françois avoit décrété l'établissement d'une commune sur le plateau du Mont-Cenis; pour encourager l'habitation dans ce triste séjour, on avoit accordé à tout individu qui y passeroit les six mois d'hiver, une exemption complète de contributions. L'hospice est un bâtiment considérable; les religieux y accueillent les voyageurs avec la plus grande bienveillance. Une église s'élève à côté du couvent.

Ces bâtimens, la maison de poste, celle des ouvriers, forment, sur la plaine du Mont-Cenis, un hameau, dont l'aspect est bien fait pour inspirer de l'intérêt, quand on pense que ceux qui l'habitent sont chargés, les uns, de frayer la route, de diriger les voyageurs; les autres, de les préserver du froid et de la faim, et que quelle que soit la différence des motifs qui aient placé dans ces lieux des paysans à côté des religieux, la seule vocation d'eux tous est de faire du bien aux hommes et de les secourir dans les dangers.

A côté de ces édifices qu'un sentiment d'humanité fit construire, s'élève une caserne destinée à loger 1200 soldats. On passe sur un pontlevis; on voit des crénaux et des meurtrières; ainsi donc les rochers et les glaces du Mont-Cenis n'étoient pas des fortifications suffisantes! On retrouve sur ces sommités les images de la guerre. Cependant, ces maisons de refuge, cet hospice, ces remparts contre les avalanches, ces barrières contre les précipices n'annonçoient-ils pas que les hommes avoient déjà assez à faire à y défendre leur vie contre la fureur des élémens?

Lors de notre arrivée à Turin, le roi de Sardaigne venoit de reconvrer les Etats de sa Maison, et étoit rentré dans sa capitale; l'Italie entière, momentanément soumise à de nouvelles dynasties, voyoit successivement reparoître ses anciens maîtres; l'aspect de ces différentes cours, de retour après de longues années, avoit quelque chose de posé qui contrastoit avec le brillant étalage des princes éphémères qui avoient occupé leurs places;

on reconnoissoit chez le concierge du palais, comme chez le ministre, d'anciens serviteurs qui avoient suivi leur souverain dans l'exil, et qui revenoient exercer les fonctions dont ils avoient été dépouillés ; les costumes seuls auroient suffi pour annoncer le changement qui s'étoit opéré dans le gouvernement ; les larges culottes des gardes suisses, les antiques uniformes, les justaucorps de velours amarante des postillons du pape, revoyoient le jour ; à Naples, aux jockeis élégans de Joachim succédèrent tout-à-coup les vénérables écuyers de Ferdinand, étonnés de la fougue des chevaux du prince Murat ; et le vieillard qui remplissoit il y a un demi-siècle les fonctions de coureur, se hâta, en signe de ralliement, de placer sur sa tête blanche sa toque ornée de plumes.

Une pareille révolution est intéressante pour le voyageur qui cherche des mœurs et des impressions nouvelles. Il y a trois ans, tout en Italie devenoit françois ; le langage du conquérant étoit d'un usage général ; et Rome, le siége des Grégoire et des Sixte, métamorphosée en chef-lieu d'un département, étoit administrée par un préfet et un maire, comme la Bourgogne et l'Isle-de-France.

Le lendemain de notre arrivée, la neige

qui tomboit à gros flocons couvrit la belle ville
de Turin d'un voile de tristesse ; à la neige
succéda un froid très-vif que la grandeur des
appartemens rendoit encore moins supportable.
Nous nous hâtâmes d'aller chercher au-delà
des Apennins un climat plus tempéré ; les
plaines du Piémont étoient ensevelies sous la
neige, nous ne pûmes juger de leur fertilité.
La route qui conduit de Turin à Gênes traverse
Alexandrie, et le champ de bataille de Marengo.

Alexandrie fut fondée en 1168 par les villes
libres de la Lombardie, qui, fatiguées des
vexations des empereurs, s'unirent pour secouer
le joug, et voulurent fonder une ville qui pût
les mettre à l'abri des attaques des Gibelins.

« En conséquence, » dit M.ʳ Sismondi,
« les troupes de Crémone, Milan et Plaisance se
portèrent sur les confins des états entre le haut
Montferrat et le Pavesan d'outre Pô ; dans
cette vaste et magnifique plaine, ils firent choix
d'un site que la nature sembloit avoir for-
tifié, le confluent du Tanaro et de la Bormida,
deux des plus grandes rivières qui découlent
des montagnes, à la droite du Pô, ces torrens, irréguliers dans leur cours, ne se creusent pas un lit assez profond pour présenter
partout aux armées une barrière insurmon-

table , mais leurs gués sont rares et variables ,
et leurs inondations annuelles forment une
défense suffisante dans la saison que les Allemands choisissoient pour la guerre ; une terre
argileuse, profondément pénétrée par les eaux,
s'oppose pendant l'hiver à la marche des soldats
et à l'assiette d'un camp. En été , les vastes
graviers que les rivières laissent à découvert,
réfléchissent les rayons d'un soleil brûlant , et
l'absence de toute haie , de tout arbrisseau ,
expose de partout les troupes qui voudroient
s'approcher, aux dards lancés du haut des murs.
Ce fut dans cette plaine que les Lombards
fondèrent une nouvelle ville , une ville destinée à éterniser la mémoire de leur résistance
et qu'ils appelèrent Alexandrie du nom du
père des Fidèles. »

Alexandrie a toujours été depuis une ville
forte d'une grande importance ; mais par un
de ces contrastes que présente souvent l'histoire, elle étoit, à notre passage, occupée par
ces mêmes troupes impériales contre lesquelles
elle étoit destinée à défendre l'Italie.

Les derniers villages de Piémont sont d'une
grande pauvreté ; celui de Pouzole surtout
a l'aspect le plus triste et le plus misérable ;
des troupes d'enfans , à notre approche, sor-

toient de leurs cabanes et nous poursuivoient
en demandant l'aumône. Novi est la première
place de la république de Gênes ; là commence la chaîne des Apennins ; nous en traversâmes une partie à la clarté de la lune qui
éclairoit notre marche à travers les forêts dé-
pouillées ; nous arrivâmes au jour à la petite
ville de Gavi, qui est dominée par un château
fort. Le passage de la Bocchetta est mauvais
et rapide ; la neige brisée par la multitude des
chars et des mulets le rendoit pénible aux
chevaux ; parvenus avec peine sur le sommet,
nous découvrîmes la mer dans le lointain.

La pente de la montagne du côté de Gênes
est couverte de villages habités par des paysans
dont les mœurs sont rudes, la figure sauvage
et le langage un idiome différent de l'italien.
De *Campo Marone*, une belle chaussée construite aux frais de la famille Cambiaso conduit
à Gênes. Cette ville et ses environs abrités
contre les vents du nord, favorisés par le voi-
sinage de la mer, jouissent d'une température
très-douce en hiver. Nous voyons enfin disparoître la neige qui jusqu'alors avoit été notre
triste compagne ; les prairies verdissoient, quelques arbres avoient conservé leur feuillage ;
nous sentons les souffles bienfaisans du climat

d'Italie et les approches du printemps ; la vallée de la *Polcevera* est couverte de maisons de campagne et de jardins ; le magnifique faubourg de *Saint-Pierre d'Arena* sert d'entrée à Gênes ; les forêts de mâts des bâtimens de transport et des bâtimens marchands s'élèvent au-dessus du port, et les bannières de toutes les nations flottent dans les airs.

Le commerce de cette ville, qui avoit souffert pendant la guerre, reprenoit sa première activité. Des milliers de chars attelés de bœufs et de mulets couvroient la route de la Bocchetta et transportoient au-delà des montagnes les marchandises arrivées par la mer. Gênes n'avoit point recouvré l'indépendance que la France lui avoit enlevée ; à la chute de Napoléon, elle avoit obtenu un gouvernement provisoire tiré de son sein, son pavillon même étoit reconnu ; mais une décision du congrès de Vienne venoit d'anéantir l'existence de la république, en la réunissant aux états du roi de Sardaigne. Les représentans de Gênes, hors d'état de résister, ne purent que protester contre cet arrêt, et les troupes angloises furent chargées de son exécution.

Gênes, qui se déploie sur la mer, est dominée au nord par des montagnes où croissent

quelques oliviers et des chênes verts ; ces montagnes semblent la presser contre les flots ; et
opposer un obstacle à l'agrandissement de la
ville ; les superbes palais qui la décorent s'é-
lèvent sur des rues étroites ; on voit encore
quelques tours gothiques bâties sur des châteaux , derniers restes de ces constructions
fondées à l'époque des dissensions qui ont désolé l'Italie ; à côté de ces monumens historiques , on montre la place qu'occupoit le
palais du comte de Fiesque , qui voulut as-
servir sa patrie , et celui d'André Doria , qui
donna un nouveau lustre à la république ; des
basins , des maisons de plaisance couvrent la
côte. De ces demeures superbes , entourées
de bois de pins et d'orangers , les nobles
Génois voyoient leurs galères , qui parcouroient toutes les mers , revenir chargées des
marchandises de l'Orient, de la Grèce et de la
Sicile. Gênes, protégée par sa situation contre
les entreprises des peuples du nord, s'enrichit
rapidement par le commerce ; de son port sortoient des flottes nombreuses qui alloient faire
la guerre aux Infidèles , lorsque trois républiques d'Italie enlevoient à tous les princes l'empire des mers; mais ensuite, trop puissantes pour
souffrir des rivales, Pise, Gênes et Venise tour-

nèrent leurs forces les unes contre les autres.
Des marbres précieux ont été employés à la
construction de ces édifices, qui donnèrent à
Gênes le nom de Superbe ; des collections de
tableaux du plus grand prix les embellissent ;
les ornemens les plus coûteux les décorent,
mais les Génois ont fait encore un plus bel
usage de leurs richesses en les consacrant à des
établissemens d'utilité publique : de grandes
routes, des églises, des hôpitaux, construits
aux frais de simples particuliers, rappellent
les noms des Justiniani, des Lomellini, des
Sauli, des Cambiaso.

On ne voit point dans cette ville ce luxe de
voitures qui est général dans le reste de l'Italie ;
les habitans sont forcés de les remplacer par
des chaises à porteurs lorsqu'il fait mauvais
temps. Les rues Nova et Balbi, qui sont larges
et belles, servent de promenades : au sortir de
la messe, les jours de fêtes, elles sont remplies
d'une foule de femmes couvertes de voiles
blancs ; celles du peuple en portent de couleur.
Gênes étoit habitée, à notre arrivée, par un
grand nombre d'officiers de tous les pays ; les
troupes angloises se distinguoient par leur
brillant uniforme ; elles occupoient l'état de
Gênes, et leur commandant étoit gouverneur
de la ville.

CHAPITRE II.

PISE. — LIVOURNE.

LE vent, qui avoit été contraire aux voyageurs qui vouloient se rendre de Gênes en Toscane, changea ; un grand nombre de felouques mirent à la voile ; je pris place sur l'une d'elles. Notre bateau glissoit à travers la multitude des bâtimens qui remplissoient le port ; nous laissions derrière nous une ligne de vaisseaux de transport anglois rangés contre la jetée, de pesantes barques chargées de marchandises, et les légères nacelles de pêcheurs. Nous découvrions en avançant, les bâtimens en quarantaine, qui avoient jeté l'ancre près de la Lanterne et dans la rade, l'*Aboukir*, de 74 canons.

Les beaux palais de Gênes disparoissent ; des multitudes de bourgs, entremêlés de bois d'oliviers, leur succèdent. Albaro , Nervi , Recco, Rapallo, et enfin des montagnes arides, qui ne présentent sur leurs flancs que quelques habitations isolées et de petites cha-

pelles. La mer étoit animée par un grand
nombre de bâtimens qui suivoient la même
route que nous, ou qui retournoient à Gênes;
leurs voiles de loin paroissoient dorées par les
rayons du soleil couchant, et les flots agités
réfléchissoient l'éclat du crépuscule.

La nuit vint; chacun s'arrangea le mieux
qu'il put sur des matelas étendus dans le fond
du bateau; bientôt le silence y régna; une
petite lanterne brilloit à la poupe; quelquefois
les bateliers reprenoient la rame pour suppléer
au vent, qui foiblissoit. Nous cheminions sans
fatigue; de temps en temps, en ouvrant les
yeux, nous voyions devant nous des rochers
à pic, contre lesquels la mer venoit écumer;
nous doublâmes le promontoire de Porto-Fino.
Le matin nous découvrîmes le village de Rio-
Maggiore, bâti dans une crevasse de rochers;
un bateau pouvoit avec peine entrer dans cette
étroite ouverture, et l'on apercevoit de misérables maisons dans une gorge sombre; elles
sont habitées, dit-on, par quarante prêtres,
qui vont dire la messe dans les paroisses des
environs. Nous entrons dans le golfe de Lerici;
à notre droite s'élève l'île Palmaria, couverte
de Pins; à notre gauche, les murs de Porto-
Venere et l'enceinte du cimetière de cette
petite ville.

Le vent étoit tombé, et le bâtiment ne cheminoit plus qu'à l'aide des rames ; les passagers qui avoient souffert dans la traversée,
voyoient approcher le terme de leurs angoisses;
les autres ouvrent le panier qui contient leurs
provisions. Un vieux pêcheur à longue barbe
nous apporte des coquillages qu'il est allé
chercher au fond de la mer; les bateliers, à
peu de distance du port, cessent de ramer et
partagent le déjeûner des voyageurs. A notre
approche, toute la population de Lerici se ras-
semble sur le rivage. L'un nous offre son auberge, l'autre sa voiture, ses chevaux; chacun
veut s'emparer de nos effets ; la foule se presse
sur le lieu où nous devons aborder, et nous
ne pouvons descendre tant on met d'empres-
sement à nous recevoir.

Nous prîmes une voiture, un jeune Italien
et moi, laissant les autres passagers attendre
à Lerici un vent favorable. La route s'élève sur
un coteau planté d'oliviers ; elle conduit au
bord de la Magra, que l'on traverse sur un
bac; cette rivière a un lit immense et porte
avec elle le sable et la stérilité. Nous nous arrêtâmes à Sarzane, où nous fûmes joints par
deux voyageurs qui arrivoient de Gênes par la
pénible route de terre; l'un étoit un religieux

dominicain ; l'autre, un François employé dans les douanes de Toscane ; le dominicain devoit prêcher le carême à Pise, le François alloit voir à Livourne une jeune personne qu'il vouloit épouser. La route de Sarzane à Via-Reggio passe au pied des montagnes qui contiennent le marbre blanc de *Carrare,* employé aujourd'hui par tous les statuaires ; il est plus blanc et d'un grain plus fin que le fameux marbre de Paros, mais d'un aspect moins brillant ; la différence de la matière fait distinguer les statues antiques des modernes. C'est dans ces carrières, que le groupe de l'enlèvement des Sabines, de Jean de Bologne, et la Vénus de Canova, ont long-temps existé, attendant la main de l'artiste ; et dans ces blocs au sein de la montagne, sont cachées des statues que nos descendans admireront un jour.

M. Lullin de Châteauvieux, dans ses Lettres sur l'Italie (1), a fait une peinture animée de l'agriculture de ce pays ; je n'entrerai point dans des détails qu'il me seroit difficile de traiter après lui ; il parle de ces berceaux de vigne qui semblent appartenir à la culture italienne, et qui en sont le trait le plus marquant. Ces berceaux donnent au pays que nous traversons un air de pompe et de

_____

(1) Cet ouvrage se trouve à Genève et à Paris chez J.-J. Paschoud, Imprimeur-Libraire.

décoration ; la vigne, après avoir entouré le peuplier au pied duquel elle croît, se déploie sur un arbre voisin ; quelquefois des lignes parallèles de vignes et de peupliers couvrent le terrain ; quelquefois elles entourent une propriété plantée de blé ou d'autres graines ; et ce léger rideau de verdure en forme la clôture.

Nous passons devant la jolie ville de Massa-Carrara. Elle est bâtie sur une colline ; un vieux château la domine ; les maisons descendent en gradins jusqu'au bas ; elles sont séparées les unes des autres par des jardins ; des orangers élèvent au-dessus des murs leurs branches chargées de fruits. Le langage toscan succède au dur patois de Gênes ; des paysannes, qui se rendent à une fête, sont vêtues d'un corset rouge, et coiffées d'une étoffe de même couleur. Nous revoyons à Via-Reggio la mer, dont la direction de la route nous avoit éloignés ; l'agitation des flots qui se précipitent sur les sables du rivage, nous annonce que nos compagnons restés à Lerici, n'ont pas encore quitté le port.

Nous arrivons à Pise ; la longueur et la beauté des quais, l'élégance des ponts, la gracieuse courbure du cours de la rivière, qui, en traversant la ville, forme un léger arc de cercle, nous rappellent Paris ; la principale place de

Pise est toujours remplie de voiturins, qui offrent des chevaux pour toutes les parties de la Toscane, et de cette foule d'oisifs, qui, sous des titres différens, s'attachent aux pas des étrangers. Quelque répandue que soit la mendicité en Italie, vocation de choix, et ressource d'une partie de la population, je ne l'ai vue nulle part si générale qu'à Pise, où l'absence d'industrie favorise l'oisiveté et produit la misère. Si un étranger entre dans un café ou dans une boutique, une foule déguenillée l'y suit; peu-à-peu il se voit renfermé dans un cercle qui interrompt ses communications avec le marchand; on épie le moment où il paiera, et à l'instant où il tire sa bourse, vingt mains se présentent.

A votre arrivée dans une auberge, une troupe de *Facchini*, sans écouter vos représentations, s'emparent de vos effets; en vain vous demandez à n'avoir à faire qu'avec un ou deux seulement, la colonne se forme de la rue à votre chambre, en couvrant les antichambres et l'escalier. Le premier argent qu'on offre est toujours dédaigneusement rejeté; le maître de l'auberge et le camérier n'osent prendre le parti de leur hôte; ils restent dans le silence, ou se bornent au rôle de médiateurs ; et ce n'est qu'en doublant la somme et en l'accompagnant de quelques expressions de colère, que vous forcez la foule à se retirer.

Ces demandes continuelles deviennent fatigantes et fort importunes : en contemplation devant un antique monument, on se transporte au règne d'Auguste ou dans le moyen âge, lorsqu'on est tiré de ses méditations par une troupe de mendians qui vous ramènent tristement au temps présent ; tandis qu'un homme qui s'est attaché à vous en qualité de Cicérone, et qui pense que vous proportionnerez la récompense à l'abondance de ses discours, vous suit à mesure que vous l'évitez, reprend la parole à chaque instant, et vous accable de son érudition routinière.

Pise, l'une des villes du grand-duché de Toscane, étoit autrefois une république célèbre, et une puissance maritime ; ses rues et ses places maintenant désertes, ses palais, ses édifices annoncent combien elle est déchue. Dès le dixième siècle, ses flottes portèrent la guerre chez les Sarrasins ; dans le onzième, elle s'empara de la Sardaigne et des îles Baléares : son histoire se rattache à tous les événemens de ces siècles, dans lesquels elle joua un rôle important ; les croisades, la fondation

et la chute du royaume de Jérusalem, la prise
de Constantinople par les Latins. Dambert,
archevêque de Pise, qui avoit amené une
flotte au secours des chrétiens à l'époque de
la première croisade, disputa à Godefroi le
sceptre acquis par les travaux des pélerins, et
obtint en propriété le quart des villes de Jaffa
et de Jérusalem. Les empereurs d'occident et
d'orient implorèrent souvent le secours de ces
puissans républicains ; Manuel, empereur d'ó-
rient, leur accorda la franchise du port de
Constantinople, et se soumit à leur payer un
tribut annuel de 5oo bysans d'or. Fréderic II
trouva chez les Pisans de zélés défenseurs à
l'époque des persécutions que lui suscita Grégoire IX. Fidèle au parti gibelin, Pise, plusieurs années après, fournit des secours à
Coradin, son petit-fils, dans sa fatale expédition contre Charles d'Anjou.

Au milieu du treizième siècle, la puissance
de Pise avoit atteint son plus haut période.
On comptoit parmi ses habitans des hommes
dont les richesses et la puissance égaloient celles
des souverains d'Italie. Des rivalités de commerce avoient fait naître entr'elle et Gênes une
haine violente ; ces deux villes, qui avoient
souvent réuni leurs bannières pour triompher

des Infidèles, se faisoient une guerre cruelle.
En 1284, les Pisans, à la suite d'une défaite,
mirent en mer une flotte de trois cents voiles ;
grâce aux généreux sacrifices des familles les
plus considérables de la république, et vinrent
braver les Gênois jusque dans leur port. Le
6 août, les deux flottes se rencontrèrent près
de l'île de la Meloria, où le combat s'engagea ;
la bataille se prolongeoit sans que l'on pût en
prévoir l'issue, lorsque des vaisseaux de ré-
serve que les Gênois avoient placés hors de
vue, vinrent faire pencher la victoire en leur
faveur ; à cet instant, le comte Ugolino della
Gherardesca, l'un des commandans Pisans,
donna le signal de la fuite, et détermina la défaite de son parti. La perte de Pise fut immense ; le deuil fut général dans la ville ; les
républiques Guelphes de la Toscane s'unirent
aux Gênois et exigèrent les places fortes qui
étoient à leur bienséance. Pise, dépouillée d'une
partie de son territoire et de ses vaisseaux, se
voyoit encore soumise aux vexations du comte
Ugolino, qui, profitant de l'état de foiblesse
de sa patrie, s'y étoit arrogé le commandement.
Fatigué de sa domination despotique, l'archevêque Ruggieri des Ubadini, uni aux Gua-
landi, aux Sismondi, aux Lanfranchi, souleva

le peuple contre le tyran, et le fit prisonnier, lui
et ses enfans.

Le Dante a rendu célèbre l'horrible vengeance que l'archevêque exerça sur cette famille infortunée : en lisant le récit des souf-
frances du comte, on oublie les fautes dont il
se rendit coupable. Quelques restes de la tour
où il fut enfermé, et qui, depuis son supplice,
ont pris le nom de *Tour de la faim,* subsistent
encore ; on les montre dans les murs de l'un
des bâtimens de la place des chevaliers de
Saint-Etienne.

Depuis la défaite de la Meloria, Pise perdit
son lustre et sa puissance ; elle languit sous la
domination de plusieurs tyrans, et finit par
tomber, en 1406, sous le joug de Florence.

La cathédrale de Pise est un édifice demi-
gothique ; des vitraux colorés, répandent dans
son vaste intérieur un foible jour, qui donne
à ses voûtes un aspect imposant ; les portes de
bronze, ornées de bas reliefs, sont, dit-on,
celles du temple de Jérusalem ; la façade et
la partie de l'église qui lui est opposée, sont
décorées de plusieurs rangs de petites colonnes
de couleurs et d'ordres différens. Elles ont été
apportées par les Pisans au retour de leurs expéditions ; et ces marbres, dépouilles des

temples élevés par les Grecs, contrastent avec les rosaces et les arcs gothiques qui les surmontent. Voilà donc réunis des monumens de deux époques bien éloignées : les monumens gothiques, moins parfaits sans doute que les premiers, conservent un caractère original fait pour exciter notre intérêt : nous connoissons à fond les Grecs et les Romains; leur architecture est devenue la nôtre ; nous adoptons leurs costumes ; nous vivons tous les jours avec eux; les siècles du moyen âge semblent plus éloignés de nous, et nous sont plus étrangers; on sent le désir de soulever le voile qui couvre l'obscure histoire de ces temps, que nous appelons barbares.

Le Campo Santo est un édifice carré long; une vaste galerie règne intérieurement dans la longueur et dans la largeur du bâtiment, et entoure une espèce de cour qui en occupe le milieu ; des arcades gothiques soutiennent les voûtes de la galerie ; les murs sont ornés de fresques, ouvrages des peintres les plus anciens de l'école florentine, le Giotto, André Orgagna, Benozzo, Simon Memmi : la plupart des sujets sont tirés de l'Ecriture-Sainte. Ces peintures, très-précieuses pour l'histoire de l'art, commencent à pâlir et à se dé-

grader par la chute du plâtre ; elles ont été
gravées depuis peu, et il en existe une superbe
collection.

Cinq cent soixante familles nobles de Pise,
dont un grand nombre sont éteintes, avoient
leurs tombeaux sous les galeries du Campo
Santo ; d'antiques sarcophages, ornés de bas
reliefs, quelques bustes, des tombeaux modernes, sont placés sous ces voûtes ; la partie
intérieure du bâtiment qui est à découvert est
revêtue de gazon ; la terre, à la profondeur
de neuf pieds, y a été apportée, en 1189, de
la Terre-Sainte ; et l'on voit dans une des fresques de la galerie, le sénat de Pise, qui vient
observer la promptitude avec laquelle les corps
placés dans cette terre sacrée sont consumés.

La cathédrale, le Campo Santo, ainsi que
le Baptistère et la Tour penchée, ont été construits dans les onzième, douzième et treizième
siècles, époque de la grande puissance des
Pisans ; ces bâtimens, à peu de distance les uns
des autres, se groupent et font un effet remarquable dans la plaine solitaire où ils s'élèvent ; des chevaux paissent le gazon qui croît
autour d'eux, et rien ne distrait le voyageur
qui vient dans le silence réfléchir à l'abandon
auquel ces édifices sont condamnés. Voilà tout

ce qui reste de la gloire de cette république qui commandoit dans l'Orient : ces vénérables monumens semblent raconter aux étrangers les beaux jours de Pise , lorsque rien dans cette ville si déchue, que la grandeur des constructions de ces temps , ne peut en retracer le souvenir.

Nous entrâmes un soir dans le Campo Santo; nous nous promenâmes long-temps sous ces voûtes que l'obscurité rendoit plus imposantes : en foulant les marbres qui contenoient les cendres des plus grands citoyens de Pise , et cette terre sacrée , témoin de leur valeur en Judée, nous nous entretenions des Lanfranchi, des Oppizzinghi, des héros qui avoient répandu leur sang pour conquérir le tombeau de Jésus-Christ, et de ceux qui avoient péri à la fatale journée de la Méloria ; le Custode nous avertit que la nuit étoit arrivée , et qu'il étoit temps de sortir : attendons , dîmes-nous; peut-être l'heure approche-t-elle où les ombres de ceux qui ont été ensevelis ici viendront nous rappeler les combats qu'ils soutinrent pour leur patrie , et nous révéler des secrets que l'histoire ignore : alors, ces insectes lumineux qu'on voit en Italie dans les nuits d'été , se répandirent dans ces sombres galeries; on les voyoit s'élever du gazon, voltiger autour des tombeaux, briller et disparoître. Si les ames revenoient errer dans les lieux qu'elles ont habité sur la terre, ne seroit-ce pas sous la forme d'une brillante étincelle qu'elles quitteroient le ciel pour se montrer à nous?

A quelques lieues de Pise, il existe en Toscane une ville où les siècles passés n'ont point laissé de monumens, et qui, par son mouvement et son commerce, contraste avec son antique voisine; c'est Livourne, qui ne se fit connoître qu'après la destruction de *Portus Pisanus*, le port des Pisans, et qui dut son opulence à la protection des Médicis.

Le port de Livourne étoit, à notre arrivée, dans une grande activité; les vieux bâtimens qui étoient restés plusieurs années sans sortir, couchés sur le flanc, étoient radoubés; les coups du marteau retentissoient; la fumée épaisse du goudron s'élevoit dans l'air : des forçats traînant leurs chaînes, transportoient des bois de construction.

On a élevé sur le port un monument à la mémoire de Ferdinand I.er (de Médicis), grand-duc de Toscane. La statue de ce prince est en marbre; quatre Africains, fondus en bronze, sont enchaînés aux angles du piédestal. Le

peuple raconte que les Maures qu'ils représentent infestoient les mers et exerçoient des
cruautés inouies sur les chrétiens qui tomboient entre leurs mains ; le grand-duc les
ayant faits prisonniers, les condamna à mourir
de faim. Ces statues ont un caractère de vérité qui devient pénible ; la dureté d'un cor-
saire vieilli dans les combats est peinte sur la
figure du père ; le plus jeune regarde le ciel,
et se plaint des tourmens qu'il endure. Ces
quatre malheureux chargés de fers ont l'expression de la souffrance ; leur châtiment sans
doute étoit mérité ; mais pourquoi entourer
la statue d'un prince de l'image de la douleur,
et chercher à perpétuer le souvenir de sa
rigueur, plutôt que celui de ses bienfaits ?

Livourne entretenant un commerce très-
actif avec le Levant et des pays souvent dé-
solés par la peste, on prend dans ce port les
mesures les plus sévères contre la contagion ;
trois lazarets ont été construits sur les bords
de la mer, et le voyageur qui arrive des pays
infectés, voit de loin la prison qui lui est destinée. J'entrai dans l'intérieur d'un de ces
lazarets, après avoir obtenu de l'officier qui
y commandoit la permission de le visiter : il
est entouré de fossés, et fermé par un pont-

levis. Il y avoit peu de temps qu'un seigneur
anglois y avoit été retenu quarante jours avec
toute sa famille, pour avoir touché sur les
côtes d'Espagne suspectes de fièvre jaune.
Parvenu dans cette triste enceinte, on m'en-
joignit de ne pas m'écarter un instant de la
route que me traçoit mon conducteur; on me
raconta qu'un étranger visitant comme moi
le lazaret, fut averti de ne pas toucher à des
laines qui étoient exposées à l'air ; quelques
momens après, oubliant ce qui lui avoit été dit,
il ramasse un flocon que le vent avoit séparé du
tas, en s'écriant : *Voyez la belle laine!* A l'instant il est saisi par le factionnaire, et malgré ses
représentations, malgré l'offre d'une bourse,
il va partager la longue réclusion de la mar-
chandise avec laquelle il s'étoit mis en contact.

Je m'avançais avec défiance, mesurant mes
pas et craignant qu'un geste imprudent ne me
condamnât à un long séjour dans ces lieux. Le
jeune Italien avec lequel j'avois fait le voyage
de Gênes à Pise, avoit été retenu à Malte tout
le temps que la peste avoit désolé cette île, il y
a peu d'années. Il m'avoit entretenu en route
de ce triste sujet, et je me rappelois ses récits
en parcourant le lazaret.

Quelques effets dérobés sur un vaisseau en

quarantaine, apportèrent le germe de la maladie dans la cité Valette ; le voleur en fut le premier attaqué ; il succomba, ainsi que sa famille ; la contagion se répandit autour de sa demeure. Les mesures les plus sévères furent prises par le gouverneur anglois qui commandoit dans l'île ; tous les individus qui n'étoient pas employés s'enfermèrent dans leurs maisons. De grands feux étoient allumés dans les places pour purifier l'air ; on ne voyoit dans les rues que le gouverneur, qui tous les jours parcouroit la ville à cheval, et le char qui enlevoit les corps. Des hommes que la grandeur seule de la récompense pouvoit engager à cet emploi, accompagnoient le char funéraire ; pour s'étourdir sur le danger de leur position, ils se maintenoient dans un état constant d'ivresse ; ils étoient vêtus de noir, munis de masques et de gants garnis de goudron ; ils tiroient les cadavres de leurs lits avec de grands crocs de fer, et les plaçoient sur le char. Par des cris ils annonçoient leur approche ; alors, toutes les fenêtres se fermoient, les habitans se retiroient dans l'intérieur des appartemens, et cherchoient à se dérober à cet affreux spectacle ; mais le tableau de ce cortége funèbre et ces cris de mort devoient les poursuivre jusque dans leurs retraites.

C'est avec ces pensées que je parcourois les longs corridors garnis de grilles, et que je considérois de loin ceux qui subissoient la quarantaine. L'aspect d'une prison m'auroit fait moins d'impression. Les cours du lazaret sont nues et désertes ; pas un arbre, pas une plante ; le lieu même où le bâtiment est placé est triste, c'est la grève sans végétation, inondée de flaques d'eau de mer. En voyant les portes se rouvrir pour moi, j'éprouvai un vif sentiment de satisfaction ; je ne prévoyois pas, en sortant de ce lieu, que j'y serois enfermé quelques mois après.

Laissons ces tristes pensées, et montons la verte colline de Montenero qui domine la ville ; elle est couverte de maisons de campagne et d'auberges, où le peuple vient en foule le dimanche. Au sommet, on voit une église et un ancien couvent ombragés par une forêts de chênes verts, d'où l'on découvre Livourne et Pise lorsque le ciel est net, une grande étendue de mer, le fanal, la Gorgona, la Meloria, la Capraia, et même l'île de Corse, qui est à vingt lieues en mer. Je montai la colline avec une famille de paysans qui alloit faire baptiser un enfant ; une vieille femme le portoit enveloppé dans son tablier ; le père et

une jeune fille l'accompagnoient ; les portes de
l'église s'ouvrirent pour le nouveau-né et pour
moi. Ce temple est consacré à la Vierge, et l'on
y conserve une image, qui, dit-on, fait des
miracles ; les murs étoient tapissés d'*ex voto ;*
dans ces peintures grossières, chacun avoit représenté le danger dont il avoit été délivré,
grâce à l'intercession de la Vierge. On voyoit
des voitures brisées et entraînées par des chevaux fougueux, des malades au lit, des personnages tombant de la sommité d'un édifice
et arrivant à terre en parfaite santé. Le chasseur qui avoit eu son fusil brisé dans ses bras
sans en être blessé, l'avoit déposé au pied de
l'autel comme un gage de sa reconnoissance ;
le navigateur, l'aviron qui l'avoit empêché d'être
englouti ; le malade, les béquilles qui ne lui
étoient plus nécessaires.

Je redescendis en peu de temps de Montenero, et je trouvai Livourne livrée à la joie que
la dernière soirée du carnaval rendoit bruyante
partout ; des bandes de musiciens parcouroient
les rues et s'arrêtoient sous les fenêtres des principales maisons ; des troupes d'enfans vêtus en
Arlequin et en Gille se mêloient avec eux et
dansoient sur la place ; des voitures remplies
de masques paroissoient dans la grande rue ;

peu-à-peu elles devinrent si nombreuses, qu'elles formèrent deux files, forcées de cheminer au petit pas, laissant à peine place à la foule qui augmentoit à chaque instant ; une grêle de dragées étoit lancée des balcons sur les piétons et sur les voitures ; les passans, de leur côté, en accabloient les spectateurs au premier étage. Dans cette foule d'habillemens bizarres, on distinguoit celui des femmes juives coiffées d'étoffes d'or et couvertes de brocarts. Un des effets les plus singuliers de ces travestissemens est celui que produisent les masques, dont l'expression est en contradiction avec les mouvemens de celui qui les porte ; l'individu, fatigué du rôle que lui prescrit son déguisement, reprend son caractère, qui ne se trouve plus en harmonie avec sa physionomie : une figure passive et sans expression décore un jeune homme plein de feu, qui attaque tous les passans ; et l'on voit sauter et danser celui dont les traits expriment l'ennui ou le chagrin.

A l'approche de la nuit, la foule se dissipa et les voitures disparurent : des plaisirs nouveaux attendoient les habitans de la ville au théâtre, où brilloient des costumes plus beaux encore. A minuit, la musique cesse, les danses sont interrompues, la salle se vide ; à cette

heure toute l'Italie quitte le masque de la folie
pour prendre l'attitude du recueillement; mais,
de même que les flots d'une mer long - temps
agitée ne s'apaisent pas au moment où le vent
cesse, le peuple parcourt les rues en dansant
et en poussant des cris; et les derniers élans
d'une joie qui a franchi toutes les bornes, rendent encore tumultueuse cette nuit, à laquelle
doit succéder un long état de calme.

A un quart de lieue de Livourne, on voit
le cimetière des Anglois; il est entouré de murs
à hauteur d'appui garnis de grilles de fer, qui
le séparent de la route sans ôter la vue de
l'intérieur; à l'entrée est planté un bosquet de
cyprès; le reste de l'enceinte est couvert de
tombeaux de marbre de Carrare, les uns déjà
noircis et couverts de lichens, d'autres d'une
blancheur éclatante et élevés depuis peu. Presque tous ceux qui sont enterrés dans ce lieu
étant étrangers, on a laissé sur leurs cendres
un signe de souvenir : ici, une table de marbre
couverte d'une inscription; ailleurs, des colonnes tronquées, des bas-reliefs, des armes
sculptées, des urnes; j'ai retenu cette inscription :

Ossa extra patriam hic sunt, anima in patria.

Ses os sont ici hors de sa patrie, son ame est dans sa patrie.

Dans ce lieu, sont réunis des hommes de parties du monde fort éloignées, des habitans de la Pologne, des îles Hébrides, de la Suisse, un grand nombre d'Anglois ; les uns négocians, d'autres voyageurs ou militaires ; plusieurs venoient chercher la santé dans un climat plus doux : combien de parens y ont laissé leurs enfans ! Ah ! qu'il est triste de mourir hors de sa patrie, et que les derniers momens doivent être douloureux, lorsqu'on pense aux amis dont une grande étendue de pays ou des mers lointaines vous séparent !

Plusieurs des individus étrangers que le commerce conduit à Livourne, sont autorisés, par une faveur étonnante en Italie, à y célébrer leur culte ; les Arméniens, les Arméniens schismatiques, les Grecs, y ont leur église ; les Anglois, une chapelle ; les Juifs, une synagogue : j'assistai par curiosité au service religieux de ces derniers ; ils se réunissent dans une salle du plafond de laquelle pendent une multitude de lampes, qui sont allumées le vendredi soir ; deux rangs de galeries élevées, garnies de grilles, sont réservées aux femmes ; sur le mur, sont écrites des sentences en langue hébraïque : l'assemblée étoit composée d'hommes, pour la plupart vieux, infirmes, presque tous d'une

malpropreté dégoûtante ; ils sortoient de la salle
et y rentroient sans cesse ; un Rabbin coiffé
d'un morceau d'étoffe blanche qui entouroit
son chapeau, placé dans une chaire au milieu
de l'assemblée, chantoit d'une voix rauque des
passages dans une langue dure et désagréable ;
de temps en temps les assistans lui répondoient
du même ton.

Cependant je considérois avec étonnement
ce peuple qui, depuis plus de 1700 ans, vit
d'espérance ; qui, les yeux sans cesse tournés
vers Jérusalem, croit que le jour suivant peut-
être verra paroître le Messie, qu'il attend toujours ; tandis que, couvert encore du sang de
notre Sauveur, il porte dans le monde entier
ce sceau de la réprobation divine. Proscrit par
plusieurs peuples, persécuté par d'autres, re-
gardé dans tous les pays comme le rebut de la
population, dispersé sur la terre, sans patrie,
sans représentation nationale, étranger partout,
il reste attaché, sous des dominations étrangères, aux lois qui lui ont été transmises par
le plus ancien législateur du monde : né dans
l'esclavage, errant dans le désert, arraché de
son pays, l'Égypte, l'Arabie, Babylone, Rome,
l'Europe entière, l'ont vu fugitif, esclave, expiant cruellement ses fautes, mais déployant

une constance dont il n'y a point d'exemple dans l'histoire. Combien s'est-il écoulé de siècles depuis ces rois d'Égypte pour lesquels les Israélites élevèrent les pyramides, seules traces qui restent de la grandeur de ces princes? Où sont ces Romains qui ruinèrent Jérusalem, et pour les plaisirs desquels les Juifs bâtirent le Colisée? Les peuples se confondent, changent; leurs lois, leurs langages disparoissent avec eux; de nouvelles générations de nations se succèdent et font oublier celles qui les ont précédées : l'aîné des peuples existe encore.

CHAPITRE III.

FLORENCE.

FLORENCE, dit madame de Staël, semble avoir été bâtie pour la guerre civile. En effet, la masse prodigieuse des principaux palais, leurs barreaux, les crocs de fer dont ils sont hérissés, l'élévation du premier étage, les créneaux qui les terminent, leur donnent plus l'aspect d'une forteresse que celui d'une habitation ; et l'édifice des prisons de la ville paroît, au premier coup-d'œil, peu différent des palais Strozzi et Riccardi. Cette manière de construire n'étonne point, quand on se rappelle les dissensions qui désolèrent presque continuellement cette ville. Chaque citoyen riche et marquant se ménageoit dans sa maison un asile contre l'inconstance du peuple et les factions opposées à son parti. A côté de ces palais d'un goût sévère, on voit des édifices d'une architecture plus élégante, et ces ornemens dont on embellit Florence dans les courts momens de tranquillité dont elle a joui. Il est peu de villes qui soient décorées d'un aussi grand nombre de statues ; la place du *Palazzo Vecchio* en contient plusieurs de maîtres célèbres, parmi lesquelles le groupe de l'enlèvement des Sabines mérite le premier rang ; les sujets de ces statues sont tirés indifféremment de l'histoire ancienne, moderne, sacrée, ou de la fable : Judith, Persée, Hercule, le jeune David, Neptune et Côme I.er se trouvent placés à côté les uns des autres et forment une réunion assez extraordinaire.

En voyant une statue exposée aux regards du public, on s'attend à trouver un rapport entr'elle et le lieu où elle est placée ; le silence d'une église est favorable aux figures qui pleurent sur les tombeaux, et les idées religieuses nous conduisent à celle de la mort ; la statue d'un prince bienfaisant reçoit encore, dans la ville qu'il rendit heureuse, les bénédictions que le peuple accorde à sa mémoire ; le prélat, que ses vertus mirent au rang des saints, semble protéger son diocèse et faire parvenir au ciel les prières des hommes. Mais quand je vois dans un carrefour le centaure Nessus terrassé par Hercule, quelque parfait que soit ce groupe, mes idées sont si éloignées de ce trait de la fable, tout ce qui l'entoure y a si peu de rapport, que je réfléchis long-temps avant de pouvoir mettre de l'intérêt à la lutte de ces deux rivaux, qui, on ne sait pourquoi, viennent rendre le peuple de Florence témoin de leur combat.

Les dieux de l'Olympe, si intéressans pour l'antiquité, sont aujourd'hui dépouillés du prestige qui les entouroit, et ne font plus naître les mêmes émotions. Les artistes modernes, en multipliant les images de ces divinités déchues depuis si long-temps, ne semblent pas se douter que le peuple au regard duquel ils les exposent, n'est plus celui qui venoit chercher à leurs pieds la paix, la santé, le bonheur. Une statue de Vénus excite notre admiration par des formes au-dessus de la beauté humaine; mais la jeune fille atteinte d'un feu qui la consume, ne vient point implorer en secret cette déesse, et l'entourer chaque jour de guirlandes. En vain Neptune placé sur une fontaine fait jaillir l'eau de son trident, le navigateur, avant d'affronter les orages, ne répand pas pour lui le sang des victimes; l'artiste lui-même, qui ne croit plus son ciseau dirigé par une main divine, pourra-t-il jamais atteindre la perfection des chefs-d'œuvre de la Grèce ?

Les églises de Florence offrent presque toutes des modèles d'une belle architecture, des monumens précieux, ou elles rappellent des souvenirs historiques.

C'est au pied de l'autel de la cathédrale appelée autrefois l'église de la *Reparata*, aujourd'hui *Santa Maria del fiore*, que fut massacré Julien de Médicis : la famille des Pazzi, riche et ancienne, voyoit avec douleur Laurent et Julien obtenir la toute - puissance ; elle résolut de se défaire de ces dangereux rivaux. Le pape Sixte IV protégeoit secrètement leur complot; l'archevêque de Pise étoit au nombre des conjurés; on se servit d'une cérémonie religieuse pour attirer les victimes dans le piége qu'on leur préparoit.

Le 26 avril 1478, le jeune cardinal Riario, neveu de Sixte, décoré du titre de légat apostolique, entraîne les Médicis à l'église ; les conspirateurs les entourent; l'office commence, le prêtre élève l'hostie, le peuple se prosterne; à l'instant Julien tombe sous les coups de François Pazzi ; Laurent échappe aux mains tremblantes de deux prêtres qui devoient lui donner la mort ; ses amis et ses domestiques se rassemblent autour de lui, lui font un rempart de leurs corps, et l'enferment dans la sacristie hors de la portée des assassins.

Le désordre et la terreur régnoient dans le

temple; le peuple, croyant que ■■ voûtes de l'édifice s'écrouloient, avoit fui épouvanté; son attachement pour les Médicis le ramène avec fureur contre les conjurés; le cardinal éperdu court embrasser l'autel, et la sainteté d'un asile qu'il avoit été le premier à profaner, peut à peine le sauver. L'archevêque de Pise et les Pazzi expient par la mort leur criminelle entreprise; leurs cadavres sont exposés à tous les outrages de la populace.

L'assassinat de Julien, commis dans une église, au moment le plus auguste du service religieux, a été jugé comme il méritoit de l'être; un seul homme a cherché à jeter de l'intérêt sur les conspirateurs. C'est Alfieri, dans sa tragédie *Della congiura dé Pazzi.*

Alfieri, fidèle à la tâche qu'il s'est imposée, de rendre odieux tous les dépositaires du pouvoir souverain, a donné aux Pazzi le patriotisme des républicains de l'antiquité, tandis qu'ils agissoient uniquement par des motifs d'ambition et d'intérêt personnel : le langage emphatique qu'il met dans la bouche de ses héros chéris et qu'il semble avoir dérobé aux coryphées de la révolution française, se retrouve dans presque toutes ses pièces; il y répand une monotonie fatigante, et il seroit

propre à inspirer du dégoût pour cet amour de
la liberté, qu'il dénature, et qu'il sert bien
mal, en l'exagérant. Reconnoît-on dans un
personnage inquiet, soupçonneux, sanguinaire,
ce Laurent, à qui l'on reprocha un goût trop
vif pour les plaisirs; qui, voyant Florence menacée, se remit entre les mains de Ferdinand,
roi de Naples, pour sauver à sa patrie les maux
que son ennemi lui préparoit, et qui, dans les
jours de fête, descendoit de son palais pour
prendre part aux danses du peuple dans les
places publiques?

L'histoire n'offre point d'autre exemple de
l'espèce de souveraineté que Côme et Laurent
exercèrent à Florence. Sans titre, par une
convention tacite et par l'influence de leurs
richesses et de leurs talens, ils obtinrent une
autorité dont ils ne se servirent que pour le bien
de leurs compatriotes et l'avancement des arts.

Les tombeaux de deux Médicis, qui ne
durent qu'à leur nom d'échapper à l'oubli,
sont ornés de statues de la main de Michel
Ange; une chapelle d'une magnificence inouie,
placée près de l'église de Saint-Laurent, contient les mausolées de six grands-ducs. Les
corps de Côme et de Laurent, ces hommes
bien plus grands que ceux de leur famille qui

obtinrent le titre de princes, sont placés sous un simple marbre dans l'église; mais l'épitaphe gravée sur la pierre qui couvre les cendres de Côme, rend les ornemens superflus.

> COSMUS MEDICES
> DECRETO PUBLICO
> PATER PATRIÆ.

Nous vîmes dans le même jour à Florence, l'ouvrage le plus ancien et l'ouvrage le plus récent de l'école florentine; la Vierge de Cimabué et la mort de Priam, de Benvenuti. Combien de grands artistes ont brillé dans l'espace de près de six siècles qui sépare ces deux peintres! La Vierge de Cimabué est placée dans l'église de Sancta Maria novella; son attitude roide, son manque d'expression et de perspective annoncent une ébauche de l'enfance de l'art; elle est encore brillante de teintes dorées et d'un coloris que les années n'ont point détruit : cet ouvrage du treizième siècle parut aux Florentins le chef-d'œuvre du génie; il fut porté pendant trois jours en triomphe dans la ville.

Benvenuti a voulu rendre dans son tableau placé au palais Corsini, la scène déchirante par laquelle Virgile termine la description de l'embrasement de Troie.

Au milieu du désordre de cet affreuse nuit, la résidence des rois n'est point épargnée ; le féroce Pyrrhus, à la tête de ses soldats, abat les portes qui en défendent l'entrée. Alors on découvre l'intérieur du palais et ces longues salles que des femmes éplorées remplissent de gémissemens.

Dans une des cours s'élève un autel, qu'un vieux laurier couvre de son feuillage ; c'est là que les restes infortunés de la famille de Priam se rassemblent ; ce prince y paroît lui-même couvert de son armure et prêt à braver l'ennemi : gagné par les prières d'Hécube, il renonce à son projet et prend place à ses côtés. « Cet autel, lui dit la reine, nous protégera tous, ou nous périrons ensemble. » Cependant, Polites, l'un des fils du roi, blessé et poursuivi par Pyrrhus, vient expirer aux pieds de ses parens. A cette vue, le vieillard accable le meurtrier de son fils des reproches les plus amers, et lui lance, d'une main affoiblie, un javelot qui effleure à peine son bouclier.

C'est la scène qui suit que le peintre a rendue.

Pyrrhus foulant aux pieds le corps de Polites, saisit d'une main la chevelure blanche de Priam ; de l'autre, il lui enfonce son épée dans le corps :

l'infortunée Hécube, le front ceint de son fatal
diadême, s'élance pour défendre son époux;
cette foule de jeunes vierges que Virgile compare
à des colombes effrayées d'un violent orage, se
pressent autour de la reine, embrassent l'autel,
et élèvent en vain leurs mains vers le ciel; As-
tianax, qui ne voit que sa mère et qui se jette
dans ses bras, contraste, par sa figure riante,
avec les physionomies qui l'entourent, et qui
peignent l'effroi et le désespoir.

Priam, qui a fourni aux deux grands poètes
de l'antiquité le sujet de tableaux sublimes,
devoit en offrir à la peinture. Mais on voit en
Italie peu de tableaux d'histoire profane; les
grands peintres chargés de décorer les églises,
ont tiré leurs sujets de l'Ecriture-Sainte, et les
mêmes scènes sont répétées à l'infini. Il me
semble qu'en général les Italiens jugent plus par
le mérite des détails que par celui de l'ensemble.
Une figure agréable, bien dessinée, d'un coloris
animé, suffit pour attirer les suffrages sur la
composition entière : la même indifférence pour
le plan se retrouve dans les ouvrages de littérature; un vers heureux, une idée brillante, voilà
ce que l'on recherche. A l'opéra, le sujet du
poème n'intéresse personne, et ceux qui l'ont
vu représenter vingt fois ne le connoissent pas
encore.

La plus belle des églises de Florence est celle
de Santa Croce ; elle n'a pas de façade, et son
extérieur n'annonce point un édifice remarquable. Cette église renferme des tableaux des
différentes époques de l'école florentine ; le
chef-d'œuvre qui fait oublier tous les autres est
d'*Angelo Allori*, dit le **Brunzino** ; on le désigne
sous le nom de *i limbi dei santi Padri;* il brille
également par la couleur et par l'expression.
Des hommes et des femmes de tout âge sortent
de leurs tombeaux pour jouir du bonheur
qu'ils ont mérité, et se rassemblent autour du
Sauveur, qui soutient un vieillard et le rap-
proche de lui. C'est une entreprise hardie,
que de peindre des scènes si fort au-dessus
des conceptions humaines ; nous ne savons pas
quelles formes les êtres revêtiront dans cette
époque solennelle, et le peintre a été obligé
de s'abaisser à celles de cette vie ; mais il a su
animer ces figures terrestres d'un feu divin :
la pudeur brille dans les regards des femmes
et des jeunes hommes ; la reconnoissance et
l'attendrissement dans ceux des vieillards ; partout on voit l'expression de l'innocence et du
bonheur ; des petits enfans enlevés au monde
dans leurs premiers jours, retrouvent les compagnons de leur âge, et les embrassent ; ils

conservent dans leur nouvelle existence la gaieté et les grâces qui les embellissoient lorsqu'ils quittèrent la terre.

Une partie de l'église chrétienne condamne les images dans les temples ; il est facile de saisir les motifs qui l'ont engagée à les proscrire ; cependant, les chefs-d'œuvre de peinture et de sculpture ne peuvent-ils pas ranimer le zèle religieux, en portant sur les objets de dévotion cet enthousiasme qui est la source du plaisir que causent les beaux-arts ? Parmi un grand nombre de tableaux destinés à produire cette impression, je citerai celui de saint François du Guerchin dans l'église de Carignano à Gênes. Le saint est à genoux à l'entrée d'une caverne; devant lui sont une croix et un livre ouvert ; il a abandonné son livre dans un moment de ferveur, et il porte ses regards vers le ciel : tout chez lui indique l'adoration ; au milieu des signes de contrition qui l'entourent, sous l'habit grossier qui le couvre, dans le désert où il s'est condamné à vivre ; on lit sur ses traits altérés par une pénitence austère et par la ferveur de son zèle, le sentiment d'une joie céleste ; mais lui ne voit plus son cilice; il ne pense plus aux amertumes de la vie qu'il a recherchées, il ne vit plus sur la terre ; il est déjà dans le ciel,

L'église de Santa Croce est ornée de tombeaux d'hommes d'état, de savans, de littérateurs, d'artistes; on lit sur les marbres funéraires les noms de Filicaia, Machiavel, Micheli, etc. Un des plus marquans est celui élevé à Alfieri par la duchesse d'Albani, ouvrage du célèbre Canova. Sur une tombe où sont sculptés les attributs du poète, se penche une femme qui représente l'Italie, et dont la taille élevée et majestueuse annonce la dignité; toute sa figure indique l'abandon de la douleur; un de ses bras repose sur le tombeau et soutient sa tête, l'autre tombe négligemment sur le côté, et achève d'exprimer l'abattement.

Le grand Galilée a trouvé après sa mort un asile à côté des grands hommes de sa patrie, grâce aux soins pieux de l'un de ses disciples. Deux figures représentant la géométrie et l'astronomie entourent son buste. Loin de paroître abattues, leur attitude est fière; les regards de ce grand homme lui-même se portent vers le ciel; il semble vouloir encore en dévoiler les secrets et rappeler que là, furent dirigés les travaux de sa vie; que là, sont ses titres de gloire. On doit regretter qu'une si belle pensée n'ait pas été plus heureusement rendue.

Le plus beau de tous les tombeaux est celui de Michel Ange ; il fut construit par trois de ses disciples, qui chacun y placèrent une des statues qui le décorent, l'architecture, la peinture et la sculpture : ces trois sœurs, dans une attitude différente, entourent le tombeau et pleurent le grand homme qui leur consacra sa vie.

La plus admirable de ces statues est celle de la sculpture, qui est placée au milieu ; elle est assise au pied du tombeau, le corps légèrement incliné, la tête penchée et appuyée sur un de ses bras, dans l'attitude d'une personne livrée à la mélancolie la plus profonde ; on n'a pas vu d'image plus parfaite d'une douleur que rien ne peut distraire ; le silence et l'immobilité du marbre rendent avec fidélité cet état de l'ame où tout ce qui vous entoure devient indifférent. Chaque fois qu'on revoit cette belle statue, on croit la trouver plus triste et plus abîmée dans ses méditations. Quand cette femme quittera-t-elle ce tombeau qui absorbe toutes ses affections ? Quand sortira-t-elle de cet accablement ? Lorsque tout est silencieux et désert autour d'elle, elle pleure seule, ignorée ; la foule, le bruit ne peuvent non plus la distraire ; les cérémonies pompeuses

n'obtiendront pas d'elle un regard : depuis des
siècles elle n'a pu être détournée un instant,
elle ne le sera jamais. Le spectateur en la
contemplant se pénètre peu-à-peu du sentiment qui la domine ; il est touché d'une douleur si fidèlement exprimée, il la partage bientôt, et les pensées mélancoliques empreintes
sur le front de cette statue, le suivent lorsqu'il s'éloigne d'elle. Ainsi donc, la pierre
peut rendre l'expression que l'ame seule
communique à nos traits ! Mais la douleur de
l'homme est passagère ; en peu de temps, la joie
succède chez lui à un chagrin qu'il croyoit
devoir toujours durer : le marbre, fidèle à l'impression du ciseau, devient l'image d'une constance dans les affections, qui est au-dessus des
forces de l'humanité.

La galerie de Florence renferme une tête
qui offre l'expression la plus sublime de la
douleur ; on l'a appelée l'Alexandre mourant ;
on a supposé que ce buste étoit celui de ce
conquérant, qui, parvenu au comble des fé-
licités humaines, voit en un moment s'éva-
nouir toutes les grandeurs de la vie. La position renversée de la tête, le mouvement
forcé du sourcil, la contraction des muscles,
expriment une violente douleur physique et

morale , mais la douleur la plus noble et la
plus grande ; il se plaint au ciel avec dignité ;
vaincu pour la première fois , contraint de
céder sous le poids des maux qui l'accablent ,
il n'oublie point, en mourant, ce qu'il a été.
A côté, est placé un enfant qui joue avec
gaieté ; l'un ne connoît que les douceurs de la
vie dans laquelle il entre en riant; l'autre, dé-
sabusé au dernier moment de sa carrière , en
savoure toutes les amertumes.

Les solennités du carême donnent aux villes
d'Italie un aspect nouveau ; les églises présentent, à chaque heure, une cérémonie différente. Dès le matin, les pénitens se placent
à genoux dans les bancs, et récitent à voix basse
leurs prières ; quelques-uns, prosternés sur le
marbre, baisent le pavé et se traînent à genoux
aux différentes stations; les prêtres se rendent
dans les chapelles pour y dire la messe. Au
bruit de la cloche qui annonce l'élévation de
l'hostie, les assistans se prosternent. Pendant
le service religieux, des foules de mendians
parcourent le temple en demandant l'aumône ;
des femmes suppliantes se placent à la porte et
se hâtent de soulever, pour celui qui entre ,
la pesante portière qui ferme l'entrée.

A dix heures , les prédications commencent; la lourde et sombre voiture de l'évêque, réservée pour le temps du carême, où tout doit rappeler le deuil et la tristesse, s'avance lentement du palais épiscopal vers la cathédrale; le prélat entre dans l'église, accompagné des chanoines vêtus de longues soutanes violettes; ils se prosternent devant l'autel et y restent quelques momens en prières. Les jours de fête, des foules de paysans et de paysannes, dans des costumes variés, remplissent le temple.

A midi, les églises se ferment; elles se rouvrent deux heures après; les services du soir, célébrés à la lumière de mille cierges qui parent les autels, ont plus de solennité que ceux du matin; le service fini, la foule se retire, l'orgue se tait, les flambeaux sont éteints; les églises restent encore long-temps ouvertes. L'artisan, après avoir terminé ses travaux, peut y passer quelques instans dans le recueillement; le pénitent qui fuit le tumulte des assemblées nombreuses et la pompe des fêtes, y vient à la chute du jour pleurer en secret ses fautes et les expier par la prière. A la foible clarté des lampes, on a peine à distinguer quelques personnes qui, prosternées dans la nef, restent ensevelies dans l'ombre des piliers et des voûtes : alors ces vastes cathédrales semblent s'agrandir par leur solitude et par le silence qui y règne ; les masses d'architecture revêtent un caractère plus imposant ; les figures des tableaux qui ornent les autels, à demi-éclairées, prennent une nouvelle expression ; les blanches draperies des statues de saints, d'apôtres, de martyrs de la primitive église, se distinguent au pied des colonnes et dans le fond des chapelles ; leur immobilité ne contraste plus avec le mouvement de ce qui les entoure : ces figures pensives semblent partager le recueillement des fidèles, respecter leur silence, les inviter à la méditation.

Les cérémonies de l'église catholique sont une source de spectacles et d'impressions vives. Un convoi funèbre se dirige vers l'église ; des frères masqués et revêtus de robes blanches, des moines d'habits différens, tous portant des cierges allumés, précèdent le corps, placé sur un brancard garni de draperies ; la pâleur du mort, dont le visage est découvert, contraste avec les ornemens qui l'entourent ; son immobilité, avec l'agitation de ceux qui l'accompagnent : le cortège s'avance au bruit des chants lugubres des prêtres ; il traverse des rues populeuses où chacun est occupé des affaires de la vie ; on les interrompt pour contempler ce frappant spectacle et pour former des vœux en faveur de celui qui vient d'entrer dans une nouvelle existence.

Les hôpitaux de Florence et ceux de la Toscane sont remarquables par leur beauté et leur grandeur ; ils ont été l'objet de la sollicitude de Léopold, qui a laissé partout des marques de son amour pour ses sujets, et dont le souvenir est gravé dans le cœur des Toscans : les salles sont terminées par de grandes grilles de fer, qui les séparent de la rue ; l'air y entre librement, et on voit du dehors une longue suite de lits. L'homme qui n'est pas appelé à faire des hôpitaux un sujet d'étude, répugne souvent à entrer dans ces lieux où sont réunis tous les maux de la vie ; la vieillesse, la souffrance, la pauvreté, et, ce qui est plus triste encore, l'isolement et l'abandon moral ; cependant le voyageur qui s'accoutume facilement à trop s'occuper de lui-même et à rapporter tout à son bien-être, fera bien de contempler un spectacle après lequel il ne devra plus se plaindre des contrariétés qu'il éprouve quelquefois dans ses plaisirs.

Les enfans abandonnés, avant d'être renfermés dans l'hospice de Florence, sont exposés au public pendant trois jours, pour donner aux parens le temps de les réclamer ; en traversant un jour la place du Duomo, nous en vîmes un de trois ou quatre ans, qui attendoit sur les marches de l'hôpital ; le pauvre enfant considéroit attentivement les personnes qui l'entouroient, et par son attitude, qui annonçoit l'abattement et le malheur, il demandoit en vain à la foule qui se pressoit autour de lui, le père ou la mère qui l'avoit abandonné.

La ville de Florence est bâtie au milieu d'un pays bien cultivé, et couvert d'une multitude de bourgs et de villages ; les collines qui l'entourent sont dominées par de vieux édifices, des couvens ou des maisons de campagne entourés de pins et d'oliviers ; après avoir passé la matinée à visiter les palais, les églises, la galerie, nous parcourions le soir les environs que le printemps embellissoit alors, la colline de Bello Sguardo, l'avenue de cyprès qui conduit au Poggio impériale, la montagne où sont les restes de l'antique ville de Fiesole à laquelle Florence doit son origine ; là on voit encore une place régulière ornée d'obélisques, une église décorée d'anciennes armoiries sculptées sur la façade ; du haut de la sommité qui la domine, on découvre toute la

contrée qui entoure Florence, les édifices de
cette ville, la coupole de la cathédrale, la
haute tour du Giotto; on voit le soir le soleil
disparoître dans les vallons, dorer les coteaux,
et des colonnes de fumée s'élever de cette multitude de bourgs et de demeures isolées qui
ornent le pays.

En traversant, à notre retour, les villages
et les faubourgs, notre marche étoit éclairée
par la petite lampe qui brûloit devant la figure
d'une Madone peinte sur quelques-unes des
maisons; car le culte de la Vierge Marie
occupe le premier rang dans la multitude des
Saints et des Vierges que révère l'Italie; le
peuple, qui la voit dans les églises, représentée dans l'attitude de la douleur, répandant
des larmes au pied de la croix qui porte son
fils, ou recevant sur ses genoux son corps
sans vie, a choisi pour protectrice celle dont le
cœur, si cruellement déchiré, semble devoir
être plus accessible aux prières des malheureux.

Une belle avenue d'arbres à peu de distance
de l'Arno sert de promenade publique; à droite,
on voit les collines de Fiesole, à gauche sont
des taillis d'une verdure charmante et de petites allées qui s'étendent jusqu'au fleuve; le
soir, une multitude de voitures s'y rendent

de Florence, vont, reviennent, et s'arrêtent
sur une petite place au milieu de la promenade. Là les hommes descendent et se rap-
prochent des femmes, tandis que d'autres voitures circulent dans les allées latérales, se
dirigent sur les bords de la rivière, et que
des jeunes gens à cheval galoppent dans l'intérieur du bois, et disparoissent derrière des
massifs de verdure.

Le peuple toscan paroît heureux ; rien en
effet ne semble manquer à son bonheur. Florence a vu rentrer dans ses murs son ancien
souverain, Ferdinand III, fils de Léopold.
Ce prince, uniquement occupé du bien être
de ses sujets, s'est empressé à diminuer le
poids des impôts et des droits dont ils avoient
été accablés sous une domination étrangère.
La plus grande simplicité règne à sa cour.
Ceux qui, dans ce siècle, se sont trouvés
princes sans avoir pu le prévoir, aussi étonnés
peut-être que les peuples, de cette prompte
élévation, ont imaginé que la souveraineté résidoit dans le faste, la pompe, l'étalage des
marques extérieures de la puissance ; par leur
luxe, ils sembloient dire : *Vous le voyez, c'est
bien nous qui sommes les princes*, s'efforçant
de persuader aux autres, ce qu'ils avoient
quelque peine à croire eux-mêmes.

CHAPITRE IV.

ROUTE DE FLORENCE A ROME. — ROME.
ÉVÉNEMENS POLITIQUES.

Nous avions formé le projet d'aller de
Florence à Rome, en poste, par la route de
Terni : l'aubergiste chez lequel nous logions
à Florence, qui avoit des mulets de retour,
à louer, nous fit voir mille inconvéniens à
prendre la poste, et nous engagea à préférer
la route de Sienne à celle de Terni. Nous voilà
donc avec trois mulets à notre voiture, condamnés à traverser, au pas de ces paisibles animaux, le pays le plus monotone que je con-
noisse. La manière de cheminer par voiturins,
si usitée en Italie, est commode pour celui qui
voyage seul ; les moyens qu'elle procure de se
perfectionner dans la langue et de s'instruire
de mille détails, qui échappent lorsqu'on court
dans une chaise de poste, compensent l'ennui
d'une marche lente et des longues stations dans
de mauvaises auberges.

J'ai fait de cette manière la route de Flo-

rence en Suisse, en quittant l'Italie; j'eus successivement alors pour compagnons un prince
romain, un étudiant de Bologne, une danseuse
et un marchand. Aucun de ces différens individus n'avoit sujet d'être content de son sort;
cependant, dans la route, ils oublioient leurs
chagrins, et la conversation étoit quelquefois
amusante. Le prince, contraint d'accepter une
place d'officier dans la garde de Bonaparte,
avoit reçu à la bataille de Leipsic une balle,
qui l'avoit presque entièrement privé de l'usage
d'une de ses jambes ; il alloit dans des bains
en Toscane chercher à lui redonner la force
qu'elle avoit perdue. L'étudiant, séduit par les
proclamations de Murat, avoit quitté le code
pour prendre les armes : lorsque le mauvais
succès du parti qu'il avoit suivi l'eut forcé de
revenir à ses études, le gouvernement autri-
chien, mécontent qu'un homme qui se destinoit
à expliquer les lois ne sût pas s'y soumettre,
l'avoit contraint de quitter Bologne, et le ren-
voyoit dans sa patrie. La *Ballerine* quittoit un
théâtre dont le directeur avoit fait faillite, pour
chercher un emploi de figurante dans une ville
du Nord. Le marchand, par de fausses opérations, avoit dissipé son bien et celui de gens
qu'il appeloit ses amis. En terme de commerce,

on appelle amis ceux avec lesquels on fait des
affaires ; c'est une amitié qui ne résiste guères
aux changemens de fortune ; le marchand le
croyoit du moins, car il alloit dans un lieu
obscur se mettre à l'abri des poursuites de ses
amis.

Cependant en route l'officier ne pensoit plus
à sa blessure, l'étudiant ne regrettoit guères
les professeurs dont il s'éloignoit, et le marchand auroit voulu être oublié de ses créanciers
aussi facilement qu'il les oublioit lui-même.

Le plus gai de tous étoit l'étudiant : il se fit
connoître à nous, et s'étoit déjà fait annoncer
par le cocher comme poète et littérateur. A
peine entré dans la voiture, il déclamoit ses
ouvrages, il improvisoit sur le premier sujet
qu'on lui donnoit ; il jugeoit toutes les nations
avec la présomption et l'ignorance d'un jeune
homme qui n'est pas sorti de son pays ; il appeloit l'Italie le premier pays du monde, les
Italiens, le premier peuple ; leur littérature,
selon lui, réunissoit tous les genres de mérite,
tandis que les nations étrangères, trop heureuses
de se partager entr'elles ces qualités, dont il
étoit si prodigue pour sa patrie, étoient classées
sans appel dans le rang qu'il daignoit leur accorder. La gaieté de notre poète étoit parfois

troublée à la pensée de la réception que lui
préparoit son père, qui n'approuveroit pas son
enthousiasme pour un roi vaincu; il se rassuroit
en pensant qu'un homme de lettres est indé-
pendant; il jouissoit d'avance de la sensation
qu'un étudiant de Bologne feroit au-delà des
Alpes, et se promettoit des monceaux d'or d'un
voyage en Angleterre, pays plongé, nous dit-
il, dans la plus profonde ignorance. Alors il
nous récitoit un sonnet qu'il avoit composé
pour sa maîtresse; il avoit eu l'heureuse idée
de comparer cette jeune personne à une rose;
lui étoit l'abeille qui voltigeoit autour. Lorsque
nous lui disions qu'une pareille image étoit
usée, il nous répondoit que le mérite de la
poésie consistoit à embellir une idée connue;
que la langue italienne étoit si harmonieuse,
qu'une même pensée pouvoit s'y représenter
sous cent formes différentes.

Tous les étudians de Bologne étoient poètes
comme lui; cette facilité de versification est
générale en Italie. A votre arrivée dans une
ville, on vous demande l'aumône en vers; des
déclamateurs récitent des morceaux de poésie
dans les places, pour obtenir des assistans une
légère récompense. On peut admirer cette harmonie populaire. N'est-il pas triste cependant,

de voir la langue du génie ainsi rabaissée et mendiante ?

Mais je retourne sur la route de Rome, dont je me suis éloigné, et je me transporte à Sienne, où j'arrivai avec les aimables amis que j'ai eu le bonheur d'avoir pour compagnons, dans une grande partie de mon voyage.

Dans cette ville, on voit une belle église gothique ornée de peintures du Perrugin et de Raphael, et d'autres monumens qui ont été décrits. Nous vîmes affichée dans une rue cette annonce de spectacle :

Aujourd'hui, le théâtre des marionnettes représentera :

> *La passion du Rédempteur,*
> *L'amer repentir de St. Pierre,*
> *Et le désespoir de Judas.*

Le même bâtiment sert à Sienne de prison et de salle de spectacle ; les prisonniers sont enfermés dans les deux premiers étages ; dans le troisième, on joue l'opéra.

De Sienne, le pays change ; et la Toscane, ailleurs si riante, devient une contrée dépeuplée et inculte. Nous arrivâmes le soir à San Quirico, petite ville placée au pied de la montagne de Radicofani. San Quirico est bâti sur

une colline, comme presque toutes les anciennes villes d'Italie, qui commandent des
plaines malsaines et dépeuplées ; un bois d'oliviers entoure ses vieilles murailles. Les églises
qui s'élèvent du milieu de ces villes, les restes
de fortifications et les vieux châteaux sont
aperçus de loin par le voyageur qui chemine
dans les plaines ; si l'on pénètre dans l'intérieur,
tout y annonce le désordre et la pauvreté ; les
rues sont sales et étroites, les bâtimens y tombent en ruines.

En nous promenant dans les environs de San
Quirico, nous rencontrâmes les deux filles de
l'aubergiste chez lequel nous logions ; l'aînée
devoit se marier le lendemain. Un jeune homme
passant par hasard à San Quirico, en étoit devenu amoureux ; il l'avoit demandée à ses
parens, il devoit l'emmener dans un village à
quarante lieues : on préparoit tout pour la fête
du lendemain ; mais l'époux n'étoit point encore arrivé, on l'attendoit à chaque instant.

L'épouse, inquiète de ce retard, voyant le
soleil près de disparoître, étoit venue avec sa
sœur jusqu'à l'entrée de la ville, dans l'éspé-
rance d'entendre du haut de la colline le pas
d'un cheval, ou d'apercevoir dans le lointain
celui qu'elles attendoient ; le brouillard du soir,

qui couvroit la plaine, ne permettant pas de
rien distinguer, elles descendirent, tandis que
nous allions dans une église voir, aux derniers
rayons du jour, un tableau du Sodoma. Une
heure après, les deux jeunes filles étoient de
retour, mais seules encore; l'inquiétude et la
tristesse commençoient à gagner toute la maison, lorsqu'un grand bruit annonça l'arrivée de
l'époux.

La montagne de Radicofani, que la route
traverse, est triste; on s'avance dans un pays
inculte; parvenu près du sommet, on ne découvre à une immense distance que des cimes
arides, des vallons sans arbres et presque sans
habitations, des torrens qui se creusent un lit
dans ce sol nu et pierreux. Nous apercevions
dans le lointain, derrière nous, la colline et
les oliviers de San Quirico; nous pensions au
mariage qu'on y célébroit, et l'idée du bonheur et de la joie se reposoit sur ce seul point,
couvert de verdure, tandis que le vaste désert
qui l'entouroit inspiroit la tristesse.

En voyageant, on s'attache facilement aux
objets qui font naître quelques sensations
agréables : un pays fertile, qui donne l'idée du
bonheur de ceux qui l'habitent, une scène
champêtre qui présente un tableau riant, la

rencontre d'une personne qui excite notre intérêt, ont d'autant plus de charmes, que ces distractions sont nécessaires pour remplir le vide que laisse l'absence de ce qui nous est cher; mais lorsqu'on est forcé de partir, on se plaint d'être toujours arraché de ce qui nous avoit intéressé; et quand on a vu disparoître la dernière maison, le dernier arbre du lieu qui occupe notre pensée, l'idée que probablement nous le quittons pour toujours, que nos destinées ne nous y ramèneront plus, laisse une impression de tristesse.

La montagne de Radicofani est l'effroi des voyageurs; le sol est si stérile, qu'on a peine à comprendre que des hommes aient pu établir leurs demeures sur la sommité; la route traverse un torrent sur lequel on n'a pu construire des ponts, et qui se replie cinq ou six fois sur lui-même au bas de la montagne du côté de Rome. Dans les temps de pluie, le torrent grossit et arrête les voyageurs; son lit, lorsqu'il est desséché, sert de retraite à des bandits, et les passagers sont souvent attaqués dans les bruyères, qui sont un asile assuré pour les assaillans.

Nous cheminions à pied sur la montagne, et nous allions atteindre l'auberge située au commencement de la descente, lorsqu'on vint

nous avertir qu'un accident étoit arrivé à notre
voiture, que nous avions dépassée ; nous re-
tournâmes promptement sur nos pas.

La longue file de bœufs et de mulets qui
la tiroient avec effort, n'ayant pas été dirigée
par le conducteur, s'étoit trop approchée de
la pente ; heureusement le train de devant s'é-
toit détaché, et les chevaux étoient demeurés
sur le chemin, tandis que la caisse de la voiture rouloit dans le vallon. Le lieu de l'accident
offroit un triste spectacle. Le voiturin, du
plus loin qu'il nous aperçut, se jeta sur un
rocher, dans l'attitude d'un homme au désespoir, en s'écriant : *Oimè sono precipitato,
sono rovinato*. Ses cris lugubres retentissoient
dans cette immense étendue, où nous n'apercevions pas un homme qui pût venir à notre
aide. Nous, du haut de la route, nous contemplions la voiture couchée sur le flanc, les
malles, les débris des glaces, les livres dispersés
sur le gazon. Cependant une heure après, la
voiture étoit debout, ramenée dans la grande
route, grâce aux efforts de plusieurs paires de
bœufs et de quinze hommes, qui étoient ac-
courus du village ; nous pûmes la conduire à
l'auberge, où le voiturin nous avoit précédés
pour ordonner son dîner, et où nous le trou-

vâmes, oubliant à table les disgraces de la matinée.

Deux heures après, la voiture, entourée de cordès, sans glaces et sans stores, put se remettre en route et nous conduire à Aquapendente, première ville de l'État ecclésiastique; nous y arrivâmes tard dans la nuit, et nous attendîmes long-temps dans la rue, appelant en vain le maître de l'auberge, qui avoit de la peine à quitter son lit pour nous recevoir. Lorsqu'on voyage par des voiturins, ce sont eux ordinairement qui se chargent des dépenses du soir. Notre conducteur désirant faire oublier ses torts du matin, s'adressant à voix haute à l'hôtesse, nous recommanda à elle de la manière la plus pressante, et lui fit l'énumération pompeuse de tous les plats qu'elle devoit nous servir; puis, comme si nous ne l'eussions pas entendu, il se tourne vers nous, disant : j'ai commandé à vos seigneuries un superbe souper.

D'Aquapendente, en côtoyant les bords du lac Bolsène, on arrive à Montefiascone, bâtie sur le sommet d'une colline. Cet évêché avoit été donné par Pie VI au célèbre abbé Maury, en récompense de ses discours éloquens à l'Assemblée constituante. Ce prélat, décoré de la pourpre, aveuglé par son ambition, avoit de-

puis terni sa réputation et mérité les censures
du pape actuel, pour avoir accepté l'arche-
vêché de Paris, avant d'être séparé des liens
qui l'unissoient au diocèse de Montefiascone.
Le cardinal, aujourd'hui repoussé de Paris et
de Montefiascone, vit dans la retraite à Rome,
éloigné de la présence du pape, expiant les
erreurs de la fin de sa carrière que l'énergie de
ses premières années rend encore plus frap-
pantes.

Nous traversâmes les villes de Viterbe et de
Roncillone ; à quelques lieues de cette dernière,
nous rencontrâmes une troupe de bandits que
des shires conduisoient enchaînés ; les membres
de plusieurs brigands qui avoient été mis à mort,
étoient exposés sur le chemin, dans le lieu même
où les voyageurs avoient été attaqués. Baccano
fut notre dernière couchée : l'auberge est placée dans un grand vallon ; l'édifice où logent
les voyageurs, et les vastes dépendances, sont
les seuls bâtimens qu'on voie dans ce lieu ; cette
solitude et ce défaut de mouvement à peu de
distance d'une grande ville, sont fort tristes. En
été, le maître de l'auberge même quitte ce séjour,
qui devient dangereux ; il n'y laisse que quelques
domestiques, pour recevoir les voyageurs qui
passent rapidement. Ces malheureux, dont le

teint pâle annonce le dangereux métier, se résignent à reprendre la fièvre chaque année.

Des centaines d'ouvriers viennent de la Toscane, des Marches et des Légations, labourer les environs de Rome, qui manquent de bras pour la culture ; ces bandes recueillent avec la même promptitude les produits d'une terre qui fait chèrement acheter ses dons ; en une seule journée, des champs immenses sont labourés et récoltés. On ne jouit point dans ces lieux du spectacle des travaux qui embellit des contrées plus heureuses.

Le lendemain, à peu de distance de Baccano, un de nous s'écria : *Voilà St. Pierre.* Nous découvrîmes cette belle coupole qui se détachoit sur l'horizon ; nous n'atteignîmes Rome que plusieurs heures après. Notre voiturin, peu ému de l'idée d'entrer dans l'ancienne capitale du monde, ne pressoit point ses chevaux, et cheminoit à pied en sifflant et en chantant. Pour nous, dont l'imagination se montoit dans cette marche lente, nous nous formions des tableaux qui se trouvèrent bien au-dessus de la réalité, lorsque nous entrâmes dans la place du peuple. Les belles églises qui la décorent, l'obélisque élevé par Sixte-Quint, ne nous firent qu'une foible impression ; nous nous engageâmes dans des rues qui ressembloient aux rues de toutes les grandes villes ; notre voiture y étoit arrêtée, heurtée. On nous conduit à la douane, où nos malles sont ouvertes et nos effets soigneusement examinés. Je crois que la façade de la douane est celle d'un ancien temple, et que les colonnes sont du plus beau style. Mais comment admirer les ouvrages de l'antiquité, quand on se débat avec des commis au milieu des ballots de marchandises ? Lorsque nous fûmes établis dans les petites chambres de notre logement, nous nous avouâmes tout bas, que nous étions bien éloignés de trouver Rome telle que nous nous la représentions : nous ne tardâmes pas à revenir de ce jugement précipité.

Rome peut être divisée en quartiers, qui offrent un aspect différent. La partie de la ville sur la rive droite du Tibre, celle de l'intérieur et les lieux déserts au-delà du Capitole ont peu de rapports entr'eux.

Les Transtévérins qui habitent les rues dépeuplées situées au pied du Janicule et du Vatican, n'entretiennent pas de relations avec le reste du peuple ; enorgueillis de la puissance des anciens Romains, dont ils se croient les descendans, ils conservent dans leurs mœurs une rudesse dont ils se font gloire et qu'ils attribuent au sang des Scipions et des Brutus, qui, disent-ils, coule dans leurs veines ; mais ce sang dégénéré produit seulement chez eux une férocité qui se décèle par des coups portés lâchement et en secret.

L'intérieur de la ville ressemble à une grande ville ordinaire ; on y voit des monumens antiques et les ornemens dont les papes se sont plu à la décorer ; mais un grand nombre de ces monumens perdent une partie de leur mérite par la manière dont ils sont situés, par l'entassement des maisons et des palais. Chaque chevalier romain place sur sa demeure, à côté des armes du pape, ces lettres, consacrées dans l'histoire : S. P. Q. R. (*Senatus, populusque Romanus*). Il est des souvenirs qu'il faut se garder de rappeler, et je suis étonné que les pacifiques habitans de Rome moderne cherchent à associer à leur paisible existence l'idée du sénat et du peuple romain d'autrefois. Si l'on ne retrouve point dans ces lieux l'ancienne maîtresse du monde, la multitude d'ecclésiastiques, réguliers et séculiers, les robes de différentes couleurs des moines, les bas violets des prélats, rappellent que l'on est dans la capitale du monde catholique. En avançant vers la place d'Espagne, on entre dans le quartier

6

habité par les étrangers. Là, les marchands de gravures et de mosaïques étalent leurs trésors; là, se dirigent les voitures de poste, qui y arrivent à toute heure, au bruit des claquemens de fouet. On voit s'y rassembler le matin les domestiques de place, les cicérones, les calèches; le mauvais air ramenant chaque soir dans l'intérieur de la ville les troupeaux qui paissent dans les environs ; le bruit des clochettes rappelle quelquefois dans Rome les villages de la Suisse ; un troupeau de chèvres traverse souvent la place d'Espagne, et escalade deux fois le jour le bel escalier de la Trinita del Monte.

Au-dessus de la place d'Espagne s'élève la Villa Médicis, qui sert de logement aux jeunes gens de l'école de France. Cette intéressante et studieuse colonie forme un petit peuple, qui, sous la surveillance d'un directeur, conserve, au milieu d'une nation étrangère les mœurs, les priviléges et l'administration de son pays. Dans les quartiers d'alentour sont placés la plupart des atteliers, où des artistes des différentes parties de l'Europe, oublient leur patrie, en cultivant les arts, et passent leur vie dans la retraite et le travail.

Mais si l'on veut voir Rome, telle qu'on

se la dépeint avec ses monumens et ses imposans souvenirs, il faut s'avancer au-delà de la Trinité du mont, ou franchir le Capitole et descendre dans le Campo Vaccino.

Le Capitole lui-même ne répondra pas à l'attente du voyageur, qui se hâte de visiter ce berceau et ce rempart de l'empire romain ; cette colline s'est abaissée par la tendance de toutes les villes anciennes à s'aplanir : le rocher qui arrêta si long-temps les Gaulois, et d'où l'on précipita Manlius, n'a plus rien qui effraie ; le peuple, pressé dans les environs, a osé placer ses chétives demeures sur la pente de cette colline célèbre. Les étrangers seroient tentés d'exiger, si ce n'est de tous les Romains, du moins de ceux qui habitent des lieux pleins de souvenirs, de la gravité dans les manières, une espèce de représentation, des tuniques ou la toge pour vêtemens, des brodequins pour chaussure ; mais ces gens-là, sans respect pour la mémoire de Romulus et des consuls, vivent comme les habitans d'une terre vulgaire. Les bourgeois, qui forment la garde du sénateur de Rome, se rendent chaque jour sur le Capitole en uniforme rouge, et se rangent fièrement en bataille devant la statue de Marc-Aurèle, qui ne doit point retrouver dans cette troupe la contenance des légions romaines.

Ecartons toute idée qui ne seroit pas en
harmonie avec la gravité des objets qui doivent
nous occuper, pour descendre dans l'ancien
Forum et pour en parcourir les environs : là,
sont les monts Palatin et Aventin ; plus loin
l'Esquillin ; le Viminal, le Quirinal ; là, on
trouve des monumens de chaque siècle, depuis
les rois jusqu'aux empereurs , et l'on peut
suivre l'histoire romaine par les temples , les
anciennes voies , les portes , les ruines des
palais, les tombeaux , les aquéducs : ce sol
est si riche de monumens , que la terre , légèrement remuée , présente des fragmens de
statues et de colonnes. Le marbre de Paros
est brisé sous les roues des chars , et les rues
sont pavées de débris travaillés et couverts
d'inscriptions. Au-delà des murs même , dans
la campagne , où l'on ne voit point de villages
et de cabanes , les ruines des temples et des
tombeaux des anciennes familles romaines servent d'abri aux bergers.

Il y a peu d'habitations dans le Campo
Vaccino et dans ses environs ; elles ont été
détruites dans une des guerres dont Rome a
été le théâtre ; les habitans furent contraints
de transporter plus loin leurs demeures; mais
des souvenirs d'une autre époque se joignent

ici à ceux de l'ancienne Rome. On voit paroître une nouvelle puissance ; c'est la religion chrétienne, qui a placé ses temples sur les débris des palais des empereurs; là s'élèvent des églises, dont les fondemens furent jetés, dans les premiers siècles du christianisme, sur les lieux que les martyrs arrosèrent de leur sang ; d'antiques basiliques, dont le nom est respecté du monde catholique, des édifices pieux, dont la construction est attribuée au premier empereur chrétien.

« Le 15 octobre 1764, dit Gibbon, rêvant assis au milieu des ruines du Capitole, pendant que des moines nu - pieds chantoient vêpres dans le temple de Jupiter, l'idée de tracer le destin et la chute de cette ville vint, pour la première fois, se saisir de mon esprit ; mon plan étoit d'abord borné à la décadence de la capitale, plutôt qu'à celle de l'empire, et quoique mes lectures et mes réflexions commençassent à se diriger vers cet objet, quelques années s'écoulèrent, et bien des diversions survinrent, avant que je m'engageasse sérieusement dans l'exécution de ce laborieux ouvrage. »

L'origine de Rome, la gloire et les vertus de ses premiers habitans étoient connues; les détails de la chute de cet empire immense res-

toient ensevelis dans les ténèbres du moyen
âge ; ne devoient-ils pas présenter les tableaux
les plus frappans ? C'est une promenade solitaire , une méditation qui a donné naissance à
cet ouvrage , le but de la vie de son auteur.

La manière rapide avec laquelle les voyageurs visitent les pays qu'ils parcourent n'est
point celle qu'on doit adopter à Rome ; il y
faut plus de loisir, une existence moins agitée;
il faut entremêler ses courses d'études relatives
aux objets qui s'offrent à nous, et se donner le
temps de la réflexion. Ici sont deux spectacles
différens : Rome ancienne , avec les trophées
de sa puissance et les chefs-d'œuvre qui nous
restent de l'antiquité ; Rome moderne, son
gouvernement , ses cérémonies , ses mœurs ,
les ouvrages de l'art. Pour se reporter dans les
temps anciens, ou pour apprécier les travaux
des artistes d'aujourd'hui, il faut se livrer sans
gêne à l'admiration , et devenir, s'il est possible,
indifférent à ce qui lui est étranger. Nous étions
bien éloignés de jouir de cette tranquillité d'esprit si nécessaire, et les grands événemens qui
se passoient en France devoient nous arracher
aux souvenirs, et aux douces impressions des
beaux-arts.

Nous avions passé les Alpes au moment où

tout promettoit le retour de cette paix, que la
génération présente n'a presque point connue;
l'ambition d'un seul homme alloit détruire l'espérance du monde. Celui contre lequel l'Europe s'étoit réunie, quittoit l'île qui lui avoit
été assignée pour prison, et remontoit sur le
trône dont les armées les plus considérables
avoient eu tant de peine à le précipiter. Nous
avions appris, dans la route de Florence à
Rome, le départ de Napoléon de l'île d'Elbe.
L'Italie, instruite de cette nouvelle long-temps
avant de connoître le lieu du débarquement,
attendoit dans l'agitation. On voyoit déjà Bonaparte descendre à Naples, où il trouveroit
un roi mécontent et une armée qu'on croyoit
formidable. Son arrivée sur les côtes de France
étonna tout le monde; chacun prédisoit le mauvais succès d'une si folle entreprise, lorsqu'on
apprit les progrès de Napoléon et sa marche
sur Lyon.

La révolution qui s'opéroit en France n'auroit pas eu pour le moment des conséquences
immédiates sur Rome et sur son souverain;
mais un autre orage se formoit près d'eux.
Joachim, roi de Naples, inquiet des dispositions du congrès de Vienne, avoit rassemblé
une armée nombreuse; et le moment où il se

préparoit à entrer en campagne, correspondoit
trop exactement avec le retour de Napoléon
en France, pour que l'on pût douter d'une
liaison secrète entr'eux. Le pape, qui avoit
constamment refusé de reconnoître tout autre
souverain de Naples que Ferdinand, venoit
de commettre un commencement d'hostilité
contre Murat, en forçant un de ses agens à
quitter Rome.

Cependant le roi de Naples, auquel il con-
venoit de conserver l'apparence du respect
envers le chef de l'église, lui fit demander
le passage par ses états pour sa grosse artillerie, qui ne pouvoit être transportée par les
montagnes des Abruzzes ; le pape le refusa.
Il étoit naturel de penser que Murat l'obtien-
droit par la force, et la ville de Rome, ac-
coutumée depuis des siècles à ouvrir ses portes
à l'ennemi, attendit l'arrivée des bandes napolitaines, dont elle connoissoit les excès et
l'insubordination. Des voyageurs de retour du
midi de l'Italie, annonçoient de grands mouvemens de troupes, et l'approche d'une colonne sur Terracine ; la princesse de Galles
quitta la ville de Naples à la cour de laquelle
elle étoit fêtée, traversa sans s'arrêter l'Etat
de l'Eglise, et gagna le nord. On apprit en-

suite à Rome le départ précipité de l'ancien roi d'Espagne, Charles IV, qui y habitoit; l'ambassadeur d'Espagne, alarmé pour ce prince, avoit demandé au pape l'assurance qu'il ne seroit point inquiété. Puis-je vous garantir sa sûreté, avoit répondu le S.ᵗ Père, tandis que je ne sais comment pourvoir à la mienne?

Au milieu de ces bruits de guerre, les jours de recueillement de la fin du carême approchoient. Le pape, avant le commencement de la semaine sainte, vient en cérémonie faire ses prières à Saint-Pierre; nous étions dans la magnifique place de cette église, lorsque toutes les cloches annoncèrent l'arrivée du souverain pontife. Nous vîmes paroître à l'extrémité de la rue opposée les chevau-légers qui précédoient sa voiture. Nous entrâmes dans le temple; des cardinaux étoient prosternés dans la nef, à quelque distance les uns des autres; le pape parut, vêtu d'une soutane blanche; il tenoit à la main un crucifix et donnoit sa bénédiction; il traversa l'église et fut se placer sur un prie-Dieu, où il resta long-temps plongé dans une profonde méditation.

A la vue de ce prince prosterné au milieu de sa cour, la foule des spectateurs s'arrête avec respect et contemple en silence une cé-

rémonie imposante par sa simplicité, que la
majesté du temple rendoit plus frappante, et
à laquelle les événemens politiques ajoutoient
un nouvel intérêt.

Ce prince est un vieillard souffrant, dont
le règne n'a été qu'une suite d'amertumes et
d'adversités. A la veille de quitter sa capitale,
dont il a été éloigné si long-temps, il vient,
avec toute l'apparence de la tranquillité, se
préparer aux orages qui peuvent l'assaillir de
nouveau, et demander à Dieu des forces contre
les persécutions qu'il attend. On pouvoit comprendre les vœux que cet auguste vieillard,
ce chef de l'église catholique, faisoit pour le
monde qui couroit aux armes; sa sérénité au
milieu des agitations inspiroit autour de lui le
calme et la tranquillité.

La bénédiction des palmes eut lieu le dimanche suivant, 19 mars, dans la chapelle
du palais de Monte Cavallo. Le pape, quinze
cardinaux, les prélats, les généraux d'ordre y
assistèrent. Ce fut le cardinal Fesch qui dit
la messe; la passion de notre Seigneur y fut
chantée dans une espèce de dialogue; le chant
monotone de l'officiant étoit de temps en
temps interrompu par des murmures qui, dit-
on, représentoient les vociférations du peuple
Juif, qui accusoit Jésus.

Le vendredi saint, le pape quitta son palais du Quirinal pour aller, suivant sa coutume, au Vatican ; nous l'y vîmes arriver ; à trois heures nous nous rendîmes dans la chapelle Sixtine, où s'efforçoit de pénétrer la foule d'étrangers que les cérémonies de la semaine sainte, si long-temps privées de leur éclat, avoient attirée à Rome.

L'aspect de la chapelle Sixtine est fait pour ajouter à l'impression de tristesse que cette cérémonie doit produire. Elle est éclairée de peu de flambeaux ; les fresques de Michel Ange, qui représentent le jugement dernier, la décorent ; la manière sombre de ce grand peintre, la teinte foncée de la couleur augmentent l'impression que font ces voix qui partent du haut de la chapelle, et qui se taisent au milieu des ténèbres.

Un dais étoit élevé pour le pape, à côté de l'autel. Les cardinaux en soutane violette et en camail d'hermine, entroient dans la chapelle ; ils se prosternoient et alloient ensuite se placer selon leur rang, suivis du caudataire qui portoit la queue de leur robe et qui s'asseyoit à leurs pieds.

Les membres du Sacré Collége, long-temps dispersés et éloignés de Rome, se trouvoient de nouveau réunis. Un grand nombre d'entr'eux avoient été l'objet des persécutions de Napoléon, irrité de la conduite pleine de dignité que le Pape et ses ministres opposoient à ses vexations. Napoléon, accoutumé à donner des ordres aux rois les plus puissans, avoit rencontré de la résistance chez un prince que les considérations humaines et les outrages n'ébranloient point, et les baïonnettes françoises, devant qui tout cédoit alors, ne pouvoient rien sur la conscience du Pape.

Parmi ces défenseurs du trône pontifical, on distinguoit le cardinal Mattei, doyen du Sacré Collége, qui, dit-on, avoit été près d'obtenir la tiare ; les cardinaux Gabrielli, Pacca, di Pietro. Les deux premiers s'étoient succédé l'un à l'autre dans la charge de pro-secrétaire d'état, lorsqu'on enlevoit au pape tous ses ministres, et ils s'étoient acquittés avec énergie d'un emploi qui leur avoit valu l'exil et la détention. Le cardinal Pacca avoit suivi Pie VII lorsqu'il fut enlevé de Rome ; le cardinal di Pietro s'étoit opposé à la ratification du Concordat, que Napoléon crut avoir obtenu du pape à Fontainebleau, et étoit devenu l'objet de son ressentiment. On voyoit encore dans cette réunion les cardinaux Doria, Ruffo, Fesch, Casella :

ce dernier, le seul régulier du Sacré Collége, portoit le camail noir; il avoit, comme simple théologien, travaillé à la rédaction du Concordat conclu, en 1801, entre le gouvernement françois et le pape. Depuis, il avoit été élevé à la dignité de cardinal, d'évêque de Parme, etc.

Le service étoit déjà commencé, lorsque le bruit se répandit que le pape n'y assisteroit point; il étoit, en effet, parti deux heures auparavant, se dirigeant sur Viterbe. On avoit reçu la veille, à Rome, l'énergique déclaration des princes rassemblés à Vienne contre Napoléon. Le gouvernement papal, en faisant donner à cette note la plus prompte publicité, avoit prouvé son adhésion à la résolution des puissances; la nouvelle de l'approche des Napolitains avoit déterminé le départ de Pie VII, quoique Joachim ne cessât, par ses discours, de proclamer le respect qu'il conservoit pour le chef de l'eglise.

L'impression que produisit cette nouvelle détourna de l'attention que l'on portoit à la cérémonie, et donna un autre cours aux réflexions. Il étoit probable que tous les cardinaux suivroient le pape, et que les cérémonies de la semaine sainte ne seroient point achevées. Le plus grand nombre des membres du Collége

avoient eu à souffrir des mesures du gouvernement françois; la résistance qu'ils avoient opposée avoit été plus ou moins ferme chez les différens individus : plusieurs avoient cédé ; quelques-uns avoient fini par accepter des places et
des décorations. On les accusoit d'avoir favorisé
les vues de Napoléon. On cherchoit à deviner
dans leurs traits le secret de leur cœur. Le cardinal Fesch paroissoit embarrassé ; il avoit mérité l'approbation du pape par la fermeté avec
laquelle il avoit défendu les droits de l'église ;
mais, en apprenant le retour de Bonaparte, il
n'avoit pas su dissimuler sa joie, et ses discours
peu mesurés lui avoient attiré le blâme de
Rome. A peu de distance de lui, étoit placé
l'ancien évêque de Saint-Malo , ambassadeur
de France , qui, attaché toute sa vie à la famille des Bourbons, recevoit le prix de sa constance par la faveur dont il jouissoit ; on s'éton-
noit de voir, aussi rapprochés l'un de l'autre,
deux François dont les intérêts et les vœux
étoient si différens.

Le lendemain , les fonctions du pape furent
faites par le cardinal Doria , qui lava les pieds
des Apôtres ; six cardinaux seulement se rendirent à la chapelle, les autres étoient partis ;
le soir il n'y en avoit plus qu'un seul. Cet aban-

don rappeloit les temps où l'église étoit persécutée. Une proclamation avoit annoncé le départ du pape et son arrivée à Viterbe ; le St.-
Père , en s'éloignant , faisoit les vœux les plus
tendres pour son peuple , et l'exhortoit à la
tranquillité et à la résignation. Le cardinal di
Pietro fut nommé pour le remplacer dans les
fonctions ecclésiastiques ; l'administration de
l'État fut remise entre les mains du cardinal
della Somaglia. Les ambassadeurs étrangers suivirent le pape ; les voyageurs quittoient Rome.
De cette foule qui remplissoit le premier jour
la chapelle Sixtine , il ne restoit qu'un petit
nombre de curieux, qui pénétroient facilement
dans cette enceinte abandonnée. Nous vîmes
la cérémonie de l'adoration de la croix ; les
reliques de St. Paul et de St. Pierre furent
montrées au peuple , à Saint-Pierre ; mais nous
fûmes privés des spectacles les plus frappans,
l'illumination de la coupole, et la bénédiction.

Rome, abandonnée de son souverain, livrée
sans défense aux entreprises des étrangers, attendoit avec inquiétude l'arrivée des Napolitains. Dans ce moment d'une pénible attente,
cette ville fut illuminée deux jours de suite.
On fait des feux de joie pour célébrer le retour d'un prince que la fortune accompagne.

Mais Rome, par une touchante fidélité, célébroit l'anniversaire du couronnement de son souverain dans le moment où il étoit en fuite; les flambeaux, décorés des armes de la famille Chiaramonti, qui brilloient devant les maisons des plus pauvres habitans, éclairoient des rues tristes et désertes; et le silence de la ville contrastoit avec cet appareil de fête.

Cependant les troupes napolitaines n'entrèrent point dans Rome, elles passèrent en-dehors des murs et se logèrent à Tivoli, Frascati, Palestrina; on vit seulement paroître dans la ville quelques officiers porteurs d'ordres pour le Gouvernement; ils annonçoient que dans peu ils seroient à Vienne.

CHAPITRE V.

—

MONUMENS DE ROME. — LES JÉSUITES.

LES pays qui dans les premiers siècles du
monde brillèrent par leur puissance ou par
leurs lumières, sont aujourd'hui bien déchus
de leur ancienne gloire : l'Égypte et la Grèce
sont avilies sous une domination tyrannique ; les
cités si opulentes de l'Asie ont perdu leur splendeur. Ainsi donc l'existence des nations est li-
mitée comme celle des individus. Si l'on compare Rome aux autres villes qui ont une fois
attiré les regards, quelle disproportion entre la
durée de leur carrière et la sienne ! Rome, qui
a joué un si grand rôle autrefois, mérite encore l'attention de nos jours. Cette ville fut
fondée 753 ans avant J. C. ; ainsi donc elle
compte plus de deux mille cinq cents ans d'existence.

Dans une si longue carrière, Rome n'occupe pas toujours le même rang ; on la voit à
une époque, soumise et oubliée ; mais elle se
relève de cet état d'humiliation, et reprend, si

ce n'est l'empire du monde, du moins une grande prépondérance dans les affaires de l'Europe.

La longue tranquillité dont jouit cette ville, parvenue sous les empereurs au plus haut point de sa puissance, lui devint funeste. Ses habitans, fatigués du poids des armes, confièrent à des étrangers le soin de leur défense; le souvenir de la valeur de leurs aïeux les protégea long-temps, mais le secret de leur foiblesse une fois divulgué, l'Italie fut désolée par les invasions des peuples du Nord; la ville de Rome fut pillée par les Goths sous le commandement d'Alaric; et par les Vandales sous Genseric.

La destruction de l'empire d'Occident étoit réservée à Odoacre, roi des Hérules, un des chefs de ces mercenaires étrangers que Rome payoit pour sa défense; il prit le titre de roi d'Italie, et relégua dans l'exil le dernier des empereurs, Romulus Auguste. L'empire d'Occident avoit subsisté 507 ans.

Théodoric défait Odoacre; il fonde en Italie le royaume des Goths, auquel succède celui des Lombards, qui fut détruit par Charlemagne.

Les empereurs d'Orient, en qualité d'héritiers de ceux d'Occident, entreprirent d'enlever l'Italie aux Goths. Bélisaire et Narses, généraux de Justinien, y firent valoir avec succès les droits des souverains de Constantinople.

Aux horreurs de la guerre qui désolèrent l'Italie, succédèrent les fléaux de la peste et de la famine ; le flambeau des arts s'éteignit dans cette malheureuse contrée ; les monumens furent détruits, les terres étoient en friche.

Que devenoit Rome dans cette suite de calamités ? Cette ville au septième siècle étoit soumise aux empereurs d'Orient ; mais l'autorité de souverains si éloignés y étoit souvent contestée ; l'opulence des nobles romains, qui alimentoit l'oisiveté du peuple, s'étoit évanouie par la perte des terres immenses qu'ils possédoient en Asie et sur les côtes d'Afrique ; cette ville ne jouissoit plus même du premier rang en Italie. Ravenne, forte par sa position au milieu des marais, avoit été la capitale du royaume des Goths ; elle étoit le séjour des exarques envoyés de Constantinople pour transmettre dans la péninsule les ordres des empereurs.

Rome ne sembloit plus devoir prétendre à la grandeur ; sa carrière paroissoit terminée : elle n'étoit pas une ville forte ; sa situation ne la destinoit pas à être commerçante ; ses habi-

tans accoutumés au joug ne pouvoient point
espérer de leurs armes un changement de sort;
mais une puissance dont on ne se défioit pas se
formoit dans son sein. C'est aux papes que Rome
dut une nouvelle existence.

Une dispute de théologie produisit un grand
changement dans les affaires de l'Italie (1). La
discussion sur le culte des images élevée en
Orient divisoit le monde chrétien ; l'empereur
grec Léon l'Isaurien eut l'imprudence d'atta-
quer une pratique respectée du peuple ; la force
put faire plier les prélats grecs, mais l'Occident
résista. Grégoire III donna aux Italiens l'impulsion de secouer le joug, et Rome, après
une si longue servitude, se trouva maîtresse
de se choisir un gouvernement : des souvenirs
éloignés, mais qui étoient chers encore, firent
renaître l'autorité du peuple et du sénat ; ces
deux corps pouvoient difficilement se rassembler et délibérer avec ordre. Au milieu de
cette confusion, l'influence religieuse donna
toute l'autorité au pape, dont la primatie spi-
rituelle étoit déjà reconnue en Europe.

Alarmés de la puissance et de l'ambition des

_____

(1) Voyez Pignotti, Storia della Toscana, Lib. II,
Cap. 11.

rois lombards, les papes appellent les François à leur secours. Pepin et son fils descendent en Italie, et cèdent à l'Église une partie des provinces enlevées à Astolphe et à Didier. Léon III couronne Charlemagne empereur : Rome est la capitale désignée du nouvel empire d'Occident ; mais les papes surent soustraire cette ville à la domination des successeurs de Charlemagne ; ils leur firent cruellement sentir la force que leur donnoit la puissance ecclésiastique, et ils devinrent les plus grands ennemis du trône qu'ils avoient eux-mêmes relevé.

On ne peut sans étonnement réfléchir à cet empire des papes, qui date du temps des empereurs romains, et qui sert de guide à l'historien à travers les bouleversemens de l'Italie, la naissance et la chute des dynasties, les révolutions de l'Europe auxquelles Rome se rattache par son influence. Au milieu de tant de secousses, les évêques de Rome que leur obscurité protège, affermissent leur pouvoir dans cette ville, où ils furent long-temps persécutés. Ces anciens pasteurs d'un foible troupeau, ces disciples et ces successeurs d'un maître qui vécut dans l'humiliation et qui prêcha la pauvreté, prétendent gouverner le monde ; ils sont devenus le mobile des grands événemens ; à leurs

pieds s'abaisse le front superbe des empereurs;
à leur voix, l'Europe se lève en masse pour
reconquérir le tombeau de Jésus - Christ; ils
ramènent le goût des arts après des siècles de
barbarie.

Après avoir vu Rome déchoir et l'avoir vue
ensuite rappelée à de brillantes destinées, jetons
un coup-d'œil sur ses monumens en les passant
rapidement en revue; nous suivrons cette ville
dans les époques les plus remarquables de son
histoire.

Les Romains, sous les rois et dans les premiers temps de la république, construisirent
peu d'édifices considérables; quelques temples,
des ouvrages d'utilité publique, voilà ce qui
nous reste de cette époque : plus tard, on
traça ces grandes routes de la solidité et de la
magnificence desquelles nous pouvons encore
juger aujourd'hui. L'usage des bains, les thermes, les naumachies rendirent le besoin d'eau
considérable dans une ville dont la population
augmentoit rapidement, et les campagnes se
couvrirent de cette longue suite d'arcades qui
conduisoient à Rome les sources limpides de
Tibur, de Preneste, de Tusculum.

On n'élevoit aux héros du premier âge que
des tombes modestes, bien différentes de ces

constructions d'un temps plus récent, sur lesquelles on lit souvent des noms obscurs et qu'on
cherche en vain dans l'histoire ; peut-être la
pierre couverte de mousse qui couvrit les
cendres ignorées d'un Camille, d'un Fabius,
sert-elle de siége au berger dans la campagne ;
peut-être est-elle foulée aux pieds dans les rues
de Rome ; peut-être forme-t-elle la base du
tombeau de l'affranchi d'un empereur.

La puissance de Rome s'accroît ; cette ville
victorieuse se couvre d'édifices superbes ;
des citoyens dont les revenus et le pouvoir
égalent ceux des rois, les embellissent des richesses de l'Asie et des chefs-d'œuvre de la
Grèce. Marcellus transporte à Rome les statues
et les tableaux de Syracuse ; Verrès dépouille
le reste de la Sicile des marbres, des bronzes,
des peintures qui la décorent ; Appius, pour
rendre plus brillantes les fêtes qu'il donne au
peuple pendant son édilité, enlève à la Grèce
et aux îles leurs trésors ; Lucullus, au retour
de ses campagnes contre Tigranne et contre
Mithridate, déploie tout le luxe des princes
qu'il a vaincus ; des cirques rassemblent pour
les plaisirs du peuple les bêtes féroces des déserts de l'Afrique ; les rives de la Méditerranée
se couvrent des palais des voluptueux habitans

de Rome : la mer, dit Horace, est resserrée par les immenses constructions qui s'élèvent sur ses bords.

Le Panthéon est le plus beau monument qui nous reste des époques brillantes de Rome ; c'est un temple de forme ronde, décoré d'un portique de seize colonnes corinthiennes : la petitesse de la place sur laquelle le Panthéon s'élève, les masures qui l'entourent, les ornemens étrangers dont il a été surchargé, nuisent, au premier coup-d'œil, à l'impression que doit produire cet édifice d'une architecture si imposante et si simple ; il faut le dégager par la pensée des mesquines décorations et des chétives constructions qui l'entourent, pour qu'il produise tout son effet. Il faut le contempler lorsque la lune éclaire ces colonnes vénérables par leur antiquité et leur masse prodigieuse, et que ses rayons, pénétrant sous le portique, y forment des alternatives d'ombre et de lumière ; il faut entrer dans l'enceinte silencieuse du temple éclairé seulement par une ouverture de la voûte ; alors les bruits du jour, les cris du peuple n'importunent plus, et l'on peut passer en revue tous les siècles qui se sont écoulés depuis la construction de cet édifice : contemporain du premier des empereurs, monument

de la gloire de son règne, il a vu Auguste et
Agrippa pénétrer dans son enceinte ; il a entendu peut-être le premier refuser la dédicace
de ce temple. Témoin des époques brillantes
de Rome, le Panthéon l'a été aussi de sa déchéance et de ses malheurs ; il l'a vue pillée par
des barbares qui contemploient d'un œil indifférent les beautés de son architecture ; de
quelle révolution cet édifice devra-t-il être
encore le témoin !

Le luxe augmente sous les empereurs ; chacun d'eux veut surpasser la magnificence des
travaux de ses prédécesseurs. La colline que
Romulus entoura des sillons de sa charrue et
qui formoit la ville entière, ne suffit pas à l'habitation de Néron ; les débris de la maison
dorée, des thermes de Titus, de Caracalla, de
Dioclétien, subsistent encore. Le Colysée bâti
par Vespasien est de tous les monumens de
cette époque le mieux conservé ; cependant les
Barbares qui dévastèrent Rome sous le commandement de Totila, le dégradèrent en arra-
chant les bras et les clous de bronze qui lioient
les pierres ; les rois goths et les papes eux-
mêmes en démolirent une partie, et plusieurs
palais de Rome sont construits avec les matériaux enlevés à cet édifice. Le Colysée est de

forme ovale ; la place vide de l'intérieur étoit
destinée aux combats de gladiateurs et de bêtes
féroces ; les gradins s'élèvent intérieurement
du niveau de l'arène jusqu'à la partie la plus
élevée ; l'on distingue les différens étages, la
loge réservée à l'empereur ; des herbes touffues,
des buissons croissent parmi les pierres, ta-
pissent les arcades, les voûtes qui se dégradent,
et couronnent la cime des murailles. On peut
encore parcourir les galeries, les passages, les
vastes corridors où la foule se promenoit en
attendant le commencement des jeux : le signal
est donné, la multitude se précipite dans l'amphithéâtre ; cent mille personnes remplissent
jusqu'aux gradins les plus élevés. Quel coup-
d'œil imposant ! l'empereur, les sénateurs, les
vestales ; on entend les hurlemens des bêtes
féroces retenues dans les souterrains, aigries
par la captivité et la faim ; quelle agitation,
quelle émotion, quel silence subit, que de cris
lui succéderont ! Ah ! je ne veux point tracer
ici l'image des jeux barbares dont l'idée seule
nous est pénible ; je voudrois, pour en effacer
l'horreur, pouvoir rattacher à ces lieux le souvenir de cet esclave qui, livré sans défense
dans une arène à un lion furieux, le vit s'arrêter tout-à-coup, se coucher à ses pieds,

comme un chien soumis, et qui reconnut le
compagnon dont il avoit apaisé les douleurs
et pansé la blessure dans les déserts (1).

Pendant le carême, un prêtre vient le dimanche célébrer un service dans le Colysée,
qui se remplit de religieux de la confrérie du
Gonfalon, masqués, vêtus de blanc, portant
des flambeaux, et d'une multitude de peuple.
Le prêtre s'arrête devant chacune des chapelles
qui s'élèvent dans l'enceinte circulaire, et
adresse des exhortations à la foule qui se prosterne à ses pieds. Les ruines qui l'entourent
pourroient fournir au prédicateur des idées
grandes et religieuses. C'est après ses victoires
sur les Juifs que Vespasien fit bâtir le Colysée.
La ville de Jérusalem est prise et ruinée, son
temple détruit ; les malheureux habitans accomplissant les prédictions de notre Seigneur,
sont arrachés de leur patrie, conduits en captivité à Rome ; ils sont employés à la construction de cet édifice, où plusieurs chrétiens furent
mis à mort : ce sol, sur lequel les pénitens se
prosternent, a été arrosé du sang de l'évêque

---

(1) Le trait d'Androcles se passa dans le grand cirque,
dont une partie subsiste encore. Voyez Aulugelle, Liv. I,
Ch. 49.

d'Antioche, saint Ignace ; aujourd'hui c'est un temple de la religion qui y a été persécutée. Lorsque le soleil est couché, la multitude sort du Colysée, traverse en procession le Campo-Vaccino, et va se rendre dans une église ; les chants du prêtre et ceux du peuple qui lui répond, remplissent l'ancien forum et retentissent jusque sous les voûtes du temple de la Paix et de celui du Soleil.

Les papes pour préserver des dégradations les édifices anciens, les ont transformés en églises ; ils y ont fait élever des chapelles et placer des reliques. Sur la façade de plusieurs d'entr'eux, à côté du nom des empereurs, on voit une inscription qui annonce qu'ils ont été dédiés aux saints ou à la Vierge ; les ornemens du culte ôtent le plus souvent à ces vieux monumens une partie de leur majesté, sans y faire naître des idées de dévotion : la plus bizarre de ces associations d'objets sacrés et d'objets profanes est celle qu'offrent les colonnes Trajanne et Antonine. Sixte V a placé à leur cime les statues de St. Paul et de St. Pierre ; l'humble pécheur de Judée et le disciple de J. C. sont élevés dans les airs au-dessus des trophées et des bas-reliefs qui rappellent les victoires remportées par deux empereurs sur les Daces et sur les Germains.

Les espaces immenses que couvroient les
thermes et les palais des empereurs, ont été
en partie rendus à l'agriculture ; des paysans ont
défriché les avenues et les cours de ces édifices ; les salles de bains leur servent de serres,
et ils viennent puiser de l'eau pour arroser
les légumes à la source qui autrefois jaillissoit
dans des bassins de marbre. Lorsque vous vous
présentez à la porte des thermes de Caracalla
ou du palais de Néron, le laboureur quitte sa
bêche pour vous accompagner dans ces ruines,
où des tapis de verdure émaillés de violettes et
de pervanches ont succédé aux pavés de mosaïques ; la vigne, les figuiers croissent aux
pieds des immenses débris de la maison dorée ;
les aloès, les larges cactus, la ciguë verdissent
sur la plate-forme du palais ; des oiseaux placent leurs nids dans les ronces, et des pigeons
qui habitent les appartemens abandonnés des
empereurs, s'envolent à l'approche des hommes.
On découvre quelquefois dans les ruines, des
débris qui en attestent l'ancienne magnificence,
des chapiteaux décorés de feuilles d'acanthe,
des fustes de colonnes brisées, des corniches,
des blocs de marbre sculptés. Ces ornemens
ainsi laissés dans les lieux qu'ils décorèrent une
fois, ne font-ils pas plus d'impression que s'ils

étoient transportés dans ces muséum où la multitude des morceaux fatigue souvent et où l'intérêt local disparoît ?

On montre dans les jardins Farnèse sur le
mont Palatin, les souterrains que l'on nomme
bains de Livie. Ces jardins sont devenus une
métairie ; le paysan qui y habite conduit les
étrangers dans les salles par un escalier dont
l'entrée est cachée par un massif de coudriers ;
à la lueur d'un flambeau qu'il attache à un
long roseau, on distingue quelques peintures
antiques qui se sont conservées sur les murs ;
du jardin, on découvre d'un côté l'Aventin et
le Janicule, de l'autre on domine le Campo-
Vaccino, les arcs de triomphe, les temples, les
colonnes qui ornent le forum. Ces jardins, qui
appartenoient autrefois à la maison Farnèse,
sont devenus, à l'extinction de cette famille,
la propriété des Bourbons de Naples ; Joseph
et Murat s'en étoient emparés, ainsi que de
toutes les autres possessions des Farnèse à Rome,
en qualité de successeurs des Bourbons. Le
paysan nous dit que ses pères étoient depuis
150 ans fermiers de cette métairie ; les produits du sol et le nom de Livie formoient leurs
revenus ; ils se succédoient paisiblement les
uns aux autres, se transmettant en héritage le

peu qu'ils savoient sur l'épouse d'Auguste, tandis que les rois de Naples perdoient leur couronne.

On voit encore dans les thermes de Titus, des peintures, quelques vases, des fragmens de mosaïque. L'or, l'ivoire, la pourpre, le marbre décoroient ces murs humides et dégradés ; la clarté du jour ne pénétroit point dans ces salles, où la fraîcheur des fontaines entretenoit, dans l'ardeur de l'été, une température délicieuse ; des fleurs et des essences y répandoient leurs parfums ; les lampes jetoient une douce lumière sur les statues ; une foule d'esclaves s'empressoient de prévenir les moindres désirs du maître.

C'est là peut-être que l'on vit Titus, le souverain du monde, entouré de ses courtisans, accablé de toutes les jouissances du luxe, devenir inquiet, soupirer et s'écrier avec amertume : « Mes amis, j'ai perdu un jour. »

Les arts ne tardèrent pas à déchoir sous les empereurs ; on peut juger des progrès de leur décadence, en considérant l'arc de triomphe de Septime Sévère ; l'architecture en est belle, mais les bas-reliefs sont éloignés de la perfection des ouvrages plus anciens. Cette déchéance de la sculpture est plus frappante encore dans l'arc de triomphe de Constantin ; on fut obligé

de le construire en partie avec des matériaux
enlevés à un monument fait en l'honneur de
Trajan; et les trophées des victoires remportées
sur les Daces, qui servent à la gloire de Constantin, attestent l'incapacité des artistes du
temps de cet empereur.

Nous entrons dans une époque de désolation
qui ne présente que le tableau des maux de tout
genre qui accablent les habitans de l'Italie. Au
milieu de tant de calamités, pouvoit-on penser
aux beaux-arts, jouissances des siècles heureux
et tranquilles? Les monumens que le luxe éleva
deviennent un moyen de défense et un asile;
le tombeau d'une femme se change en forteresse, celui d'un empereur sert de refuge aux
évêques de Rome; les statues de bronze se
métamorphosent en armes, celles de marbre
restent ensevelies sous les ruines, ou deviennent
la victime d'un zèle religieux mal entendu, qui
mutile ces sublimes représentations des dieux;
les papes eux-mêmes ne respectent pas les ornemens qui font la gloire de leur capitale.

Portons nos regards sur la place de l'antique
palais de Latran, donné à St. Silvestre par
Constantin, demeure d'un grand nombre de
pontifes; là réside une cour ecclésiastique, là
habitent ces papes, qui passent de l'obscurité

du cloître au poste le plus éminent de la chrétienté, et dont les revers et les succès occupent
une si grande place dans l'histoire des 11, 12
et 13.ᵉ siècles; un Grégoire VII, un Urbain II,
un Adrien IV, fils d'un mendiant, mendiant
lui-même dans son enfance : de ce palais, le
fougueux Innocent III lance ses foudres sur
presque tous les princes de son temps, et remplit la France de sang; Grégoire IX, Innocent
IV suivent son exemple; de leur cour partent
ces légats qui lèvent des impôts sur les peuples,
qui s'interposent dans les querelles des rois,
arrêtent la marche de leurs armées, et tracent
aux souverains la conduite qu'ils doivent tenir;
de Rome sortent ces décrets qui disposent de
trônes qui ne sont point vacans, qui délient
les sujets de leurs sermens, et qui rendent un
monarque un objet d'horreur aux yeux de son
peuple.

Rome prend un aspect conforme à la cour
dont elle reçoit les lois, en contemplant la
partie de la ville qui renferme les monts Palatin, Cœlius, Esquillin ; on voit le faîte d'une
immense quantité de couvens, de basiliques,
de chapelles qui s'élèvent à côté des anciens
temples, des ruines du Colysée, des murailles
d'Aurélien ; St. Jean de Latran, église épisco-

8

pale du pape, célèbre par les conciles auxquels elle a donné son nom, appelée la première église du monde, domine du mont Cœlius les parties de la ville qui l'entourent.

Ces couvens, ces églises, placés loin du mouvement, dans des quartiers inhabités, donnent à ces lieux un aspect solennel ; on ne voit presque dans ces vastes places et dans les rues silencieuses, que des ecclésiastiques qui les traversent d'un pas grave et mesuré. N'est-ce pas au pied des ruines que les hommes qui ont renoncé aux plaisirs du monde et qui se vouent à la vie contemplative, doivent établir leur séjour ? La belle église des Chartreux, Santa-Maria degli Angeli, est bâtie sur les ruines des thermes de Dioclétien ; les superbes colonnes qui en soutiennent les voûtes sont celles de l'ancien édifice ; les vieux cyprès qui s'élèvent dans le cloître au-dessus des tombes des prêtres, croissent dans les lieux consacrés autrefois aux plaisirs et au luxe ; des religieux voués aux privations et au silence ont établi leur tranquille demeure dans le palais des empereurs.

Les capucins, dans l'église desquels est le tableau de l'archange Michel, du Guide, conduisent les étrangers au caveau destiné à leur sépulture ; ils ont donné à l'arrangement des

tombeaux un air de décoration ; sur les crânes
rangés avec symétrie sont écrits le nom, le lieu
de naissance, l'époque de la mort des individus
auxquels ils appartenoient ; de petits os réunis
forment des festons et des guirlandes ; les squelettes de plusieurs capucins sont placés contre
les murs, couverts encore de la robe qu'ils portèrent pendant leur vie : cette robe est aussi
celle du guide qui vous conduit dans ce lieu ;
il voit chaque jour ce triste spectacle ; il connoît peut-être la place qu'il occupera un jour.

Au tableau des papes des 12.ᵉ et 13.ᵉ siècles,
opposons celui du 16.ᵉ La cour de Léon X,
riche des tributs de toute la chrétienté, est la
cour la plus brillante de l'Europe ; c'est le séjour des arts et des plaisirs ; les artistes et les
littérateurs exilés de Constantinople sont appelés auprès du pontife, que les discussions
théologiques fatiguent. Rome, autrefois soumise à la capitale de l'empire d'Orient, s'enrichit de ses dépouilles ; les statues grecques
sortent des ruines dans lesquelles elles restèrent
ensevelies pendant des siècles d'ignorance. Ces
chefs - d'œuvre étoient destinés à être l'ornement de toutes les époques brillantes du monde,
ouvrages des beaux jours de la Grèce ; ils décorent Rome triomphante, et reparoissent pour

servir de modèle aux artistes modernes. Les
obélisques se relèvent ; ces blocs énormes,
après avoir orné l'Égypte pendant les siècles de
sa gloire, furent transportés à Rome, abattus
par les Barbares ; les papes les tirent de la
poussière. Placer sur leurs bases l'obélisque de
St. Jean de Latran et celui de St. Pierre parut
une entreprise hardie. Quelle force a-t-il donc
fallu pour les tailler dans la carrière, et pour
les transporter d'Égypte à Rome ? C'est en vain
cependant que les rois d'Égypte ont fait des
ouvrages qui ont bravé trente siècles ; leurs
hiéroglyphes sont des secrets pour nous, et les
inscriptions gravées sur le granit qui devoient
éterniser leur nom, celui de leurs dieux ou des
héros de leur patrie, restent muettes au milieu
d'une population moderne.

Le monument qui rivalise avec les ouvrages
des anciens est dû aux souverains de Rome du
16.° siècle. Le temple de St. Pierre s'élève ; il
étonnera un jour par ses immenses dimensions
et sa majesté ; mais la construction de cet ouvrage demande un siècle, et bien des pontifes
se succéderont avant de la voir terminée.

Cependant, tandis que la cour de Rome,
trop sûre de son pouvoir, s'occupe à ramener
les arts en Italie, un ennemi obscur dirige ses

attaques contr'elle, et cet adversaire qu'elle méprise sape les bases de sa puissance, qui ne tarde pas à déchoir rapidement.

La donation qui avoit été faite aux papes par Charlemagne, leur avoit été souvent contestée. Ce n'est que fort tard qu'on a tenté de se soustraire à leur pouvoir spirituel. Ainsi on permettoit à un homme de donner des chaînes à la pensée et d'imposer un joug pesant sur les consciences de tous les habitans du monde chrétien, tandis qu'on disputoit à ce directeur souverain de la croyance la propriété d'une petite partie de l'Italie.

Nous avons vu les deux derniers papes conduits en captivité, et l'État de l'Église soustrait à leur domination. Les persécutions dont la cour de Rome vient d'être l'objet ne peuvent se comparer aux vicissitudes de fortune qui forcèrent les pontifes à quitter leur capitale, lors de leurs discussions avec les empereurs ; ils voyoient en peu de temps leur autorité renaître, et leur influence s'accroissoit ordinairement à la suite de ces débats. De nos jours on a pu croire le pouvoir temporel des papes aboli ; cependant la révolution, qui a rétabli l'Europe telle qu'elle étoit avant les secousses qui l'ont bouleversée, vient de rendre à l'Église les États.

dont elle étoit en possession depuis dix siècles.
Un événement remarquable du pontificat actuel, auquel on a donné peu d'attention, c'est
le rétablissement des Jésuites. Cet ordre, ins-
titué dans le 16.ᵉ siècle, sembloit destiné à dé-
dommager la cour de Rome des pertes qu'elle
faisoit en Europe, par les progrès de la religion catholique dans d'autres parties du monde.
La puissance, les richesses de cet ordre, l'ac-
cès qu'il obtenoit dans les cours, excitèrent
l'envie des autres sociétés religieuses ; les gou-
vernemens eux-mêmes s'effrayèrent de son influence. Le Portugal, l'Espagne, la France,
Naples, non contens de le bannir de leur sein,
demandèrent au pape son extinction ; mais les
Jésuites étoient encore redoutables par leur
nombre, leurs talens, leur nom par la masse
d'individus qui leur restoient attachés.

Clément XIII mourut sans avoir rien accordé
au vœu des puissances ; Clément XIV, son suc-
cesseur, homme d'un esprit profond, comprit
qu'en se refusant aux demandes de tant de
princes, il risquoit de les éloigner pour toujours de Rome ; il donna les quatre premières
années de son règne à la réflexion, méditant
en silence au milieu des cris des ennemis des
Jésuites, des réclamations et des menaces de

leurs partisans; il auroit voulu prévenir l'abolition de ce corps. Il lui avoit demandé des
concessions; on le vit souvent sortir secrètement, de nuit, de son palais, pour conférer
avec des personnages marquans, et pour obtenir
du général des Jésuites une réforme que cet
homme, d'un esprit inflexible, trop confiant
dans sa puissance, refusa toujours. On dit qu'un
jour Clément étant renfermé avec le père Ricci,
lui dit : « Ma dignité ne me permet pas de me
mettre à genoux devant vous, mais je me prosterne devant l'image de notre Sauveur, pour
qu'il vous inspire la résolution que je vous demande. » On connoît la réponse du général :
Sint ut sunt aut non sint.

Le pape désespérant de le convaincre, persuadé de la nécessité de prononcer l'arrêt de
dissolution, ne s'occupa plus qu'à prévenir le
désordre que son exécution pourroit entraîner.
Le bref qui anéantit les Jésuites est daté du
21 juillet 1773. Le 10 août, dans la nuit, il
fut lu dans les différentes maisons de l'ordre
par des prélats qui s'y rendirent escortés d'un
détachement de troupes. Tous les Jésuites
furent sécularisés : on s'empara de leurs biens,
en conservant une pension aux différens individus; on leur enleva la direction des établisse-

mens d'éducation et celle du séminaire romain qui étoit sous leur administration depuis deux cents ans, et qui avoit donné à l'Église quatre souverains pontifes, un grand nombre de cardinaux et d'évêques. Plusieurs membres du sacré collége avoient ignoré la résolution du pape. Son secret fut si scrupuleusement gardé, que le soir même où il éclata, huit cardinaux étoient rassemblés chez le père Ricci ; lorsque le dernier fut parti, le détachement de troupes qui entouroit la maison du général se saisit de sa personne et le conduisit au château Saint-Ange, d'où il ne sortit pas pendant la vie de Ganganelli. « Je m'attendois à une réforme, dit le père avec une froide douleur lorsqu'on lui communiqua le bref, mais non à une extinction ; la volonté de Dieu soit faite. »

Peu de temps après, Clément, qui avoit toujours joui d'une santé vigoureuse, fut attaqué d'un marasme dont rien ne put arrêter les progrès ; il dépérit rapidement. On dit que persuadé qu'il avoit pris du poison, cette idée fut la source de son mal ; les remèdes qu'on lui donna dans le but d'en arrêter les effets, attaquèrent son tempérament. On le voyoit, pendant les heures les plus chaudes, chargé de vêtemens, se livrer, dans son jardin de Monte-

Cavallo, à un violent exercice ; il mourut à la suite de cruelles douleurs. Après avoir signé le bref, il avoit dit : « La voilà faite cette suppression ; je ne m'en repens pas, mais elle me donnera la mort.» Aucun témoignage historique n'a depuis confirmé les soupçons du pontife.

Le secret attachement du Pape actuel pour les Jésuites a été, dit-on, la cause de son avancement. Entré dès sa jeunesse dans l'ordre des Bénédictins de la congrégation de Mont-Cassin, le supérieur du couvent lui refusa un grade, sous le prétexte de quelques propositions de sa thèse accusées de molinisme. Pie VI, qui étoit allié au jeune religieux, et qui conservoit lui-même de l'attachement pour les Jésuites, lui conféra, de sa propre autorité, la dignité à laquelle il aspiroit.

Cette victoire remportée sur son supérieur exposa Chiaramonti à de nombreuses contrariétés, et lui rendit le séjour de la maison insupportable. Le pape le sut, et son protégé fut créé évêque de Tivoli : là ses ennemis le poursuivirent encore ; ils l'accusèrent de s'entourer d'anciens Jésuites et de protéger leur doctrine ; ils firent représenter à Pie VI que Chiaramonti devoit renoncer à leur société. *Lo so, lo so, lo vogliono cardinale,* s'écria brusquement

Bratchi, d'un caractère impétueux et que la contradiction aigrissoit.

Admis dans le sacré collége, l'évêque de Tivoli, devenu évêque d'Imola, dut à ses vertus et à sa piété la tiare, qui a été si pesante pour lui ; il fut élu pape dans le conclave assemblé à Venise en 1799, après que l'ambassadeur d'Autriche eut donné indirectement l'exclusion au cardinal Gerdil, savoyard, et lorsque les deux factions qui portoient l'une le cardinal Bellizoni, l'autre le cardinal Mattei, virent, après une longue lutte, qu'elles devoient renoncer à leurs protégés.

La même autorité qui avoit supprimé les Jésuites et qui avoit fait tous ses efforts pour les faire oublier, vient de les rappeler à l'existence, au moment où les derniers religieux, témoins de la catastrophe de leur ordre, étoient près de disparoître du monde. Le pape, à peine raffermi sur son siége, a rétabli les Jésuites, qu'il appelle les plus vigoureux rameurs de la barque de St. Pierre, révoquant le bref de Clément et tous les arrêts qui pourroient être relatifs à leur destruction.

Le plus grand nombre des souverains ont vu avec indifférence le rétablissement d'un ordre auquel on ne pouvoit rendre ni ses richesses, ni son immense influence, et se sont contentés de ne pas lui ouvrir l'entrée de leurs États. On s'étonnera du silence qui a suivi cette démarche inattendue du pape, lorsqu'on se rappellera l'instance avec laquelle l'abolition des Jésuites fut demandée, l'impression qu'elle produisit. Autrefois que des discussions de théologie faisoient naître des troubles politiques, on pouvoit donner une grande importance à la suppression ou à la fondation d'un ordre religieux ; mais aujourd'hui l'Europe, fatiguée de révolutions, ne recherche point des semences de discorde ; elle voit sans s'émouvoir le rétablissement de quelques moines dans leurs couvens, au moment où la chute et le renouvellement des trônes lui offrent des spectacles bien plus faits pour mériter son attention.

CHAPITRE VI.

TIVOLI. Beaux-arts. — *ROUTE DE NAPLES.*

Nous sortîmes de Rome par la porte Saint Laurent, pour aller à Tivoli ; nous traversâmes un pays désert par une route couverte d'une poussière noirâtre. Tous les voyageurs qui ont donné la description de Rome ont parlé de la tristesse de ses environs : un auteur en particulier, doué de l'art de peindre avec énergie, a fait un tableau frappant de la misère et de la dépopulation de l'ancien Latium (1) ; je ne puis cependant m'empêcher de revenir sur une observation si souvent présentée.

Les environs des principales villes d'Italie offrent tous un aspect différent.

Sur la rive du magnifique golfe de Naples vit une population nombreuse ; les palais et les maisons de Portici, de Resina, de Torre del Græco, au pied du Vésuve, forment, sur l'espace de plusieurs lieues, comme le prolon-

_____

(1) *Voyage dans le Latium*, par M. Victor de Bonstetten. Paris et Genève, chez J.-J. Paschoud.

gement de la capitale ; les cris d'un peuple toujours en mouvement donnent une grande activité à ces beaux rivages.

La large vallée qui entoure Florence est d'un aspect agréable et champêtre ; les promenades sur les bords de l'Arno se remplissent le soir de brillans équipages ; le dimanche, les habitans des innombrables villages et des métairies qui dominent la ville, se rassemblent aux portes de Florence. Les prairies sont couvertes de jeunes paysannes d'une figure charmante, d'une parure soignée ; tout indique chez ce peuple, connu par la douceur de ses mœurs, l'aisance et le bonheur.

La population de Gênes enfermée entre les flots et de hautes montagnes, se presse sur les bords de la mer. C'est sur le port que se déploie l'activité des habitans ; c'est là que l'on charge cette immense quantité de mulets qui parcourent les rues étroites de la ville, et qui se dirigent en longue file dans les chemins escarpés de la Bochetta.

Les festons de vigne qui se balancent dans les plaines fertiles de la Haute-Italie, l'abondance des récoltes, les rivières dont on dirige le cours et qu'on fait serpenter dans les champs et les prairies, le grand nombre des fermes et des villages, donnent aux villes qu'ils entourent un air de décoration et d'abondance.

Il n'est sans doute qu'une seule ville, non-seulement dans l'Italie, mais dans le monde entier, qui, pour faubourgs, n'ait qu'une suite d'antiques tombeaux. Ordinairement la campagne fait naître des idées douces ; les environs de Rome n'inspirent que de la tristesse ; on en voit quelques parties cultivées et ensemencées, mais on cherche en vain la chaumière du laboureur : point de ces jolies maisons de campagne, de ces jardins couverts de fleurs et de légumes qui embellissent l'entrée des villes ; de longues routes solitaires s'étendent au loin dans ces vastes plaines, qui ne sont pas séparées par des limites, comme si on dédaignoit d'en réclamer la propriété ; quelques églises et des ruines s'élèvent çà et là ; ces ruines d'édifices destinés à renfermer les cendres des anciens Romains, devinrent un lieu de refuge lors des guerres du moyen âge. On n'entend ni les bruits de la charrue, ni le flageolet du berger, nul mouvement champêtre, nulle activité commerciale ; le peuple de Rome ne sort pas des murs de la ville, et une des rues sert aux promenades journalières des habitans.

Nous nous arrêtâmes à quelques milles de

Rome pour voir un petit lac formé par *l'acqua Zolfa*, qui répand une forte odeur de soufre dans les environs ; ses eaux ont laissé des incrustations à l'entour des joncs et des roseaux d'un marais voisin : sur les bords du lac croissent des herbes touffues dont les racines sont flottantes ; les pâtres en détachent des masses assez considérables pour qu'elles puissent les supporter sur l'eau ; la verte nacelle, poussée par le vent qui incline les roseaux et les plantes aquatiques, va déposer le berger sur la rive opposée, et y reste attachée jusqu'au moment où un nouveau passage la ramènera sur ses premiers rivages.

Nous descendîmes de voiture au bas du coteau de Tivoli, pour parcourir la villa Adriana ; nous avions le bonheur d'avoir avec nous un des artistes les plus distingués de Rome, qui se préparoit avec une grande complaisance à nous donner des explications sur les lieux que nous allions parcourir ; mais un habitant de la villa, jaloux de son rôle de Cicerone, interrompoit notre savant conducteur, réclamoit son titre de custode, qui donnoit à lui seul, disoit-il, le droit de parler ; pour contredire les opinions de notre ami, auxquelles il voyoit avec peine que nous donnions plus d'attention qu'aux siennes, il finit par lui dire en secret : « Je vois bien que vous en savez plus que moi, mais si vous dites tout, vous m'ôtez mon gagne-pain. »

La villa Adriana renferme les débris de la magnifique maison de plaisance bâtie par Adrien, dont l'enceinte avoit trois milles de longueur ; cet empereur avoit réuni dans le même lieu des bâtimens faits sur le modèle des édifices les plus fameux de l'antiquité, le Lycée, le Prytanée, le temple de Thessalie ; on y montre les ruines de deux théâtres, des maisons de bains, de vastes enceintes pour les jeux, des logemens réservés aux gardes prétoriennes ; on a tiré de la villa Adriana un grand nombre de statues qui sont aujourd'hui dispersées dans les différentes parties de l'Europe.

Un examen minutieux de chaque fragment de mur est souvent fatigant ; l'imagination des antiquaires se monte facilement, et le specta-teur auquel on fait la description d'un édifice magnifique, regarde avec inquiétude autour de lui, et voit avec surprise que quelques pierres ont servi de texte aux amplifications du démons-trateur : lorsqu'on n'est pas accoutumé à faire des plans et à relever des ruines, on a de la peine à replacer tant de colonnes, tant de por-tiques, sur une si légère base.

Pour moi, sans m'arrêter sur les détails, je cherchois à me représenter ces lieux tels qu'ils étoient lorsque le peuple de Rome y étoit attiré par l'éclat des fêtes que les souverains y célébroient; je voyois les cours, les avenues remplies d'une foule immense; de légères nacelles présentent l'image des combats dans l'enceinte destinée aux naumachies; l'empereur et ses courtisans, placés dans des loges à droite et à gauche, applaudissent aux efforts des combattans : ailleurs, on voit des courses de chars; des lutteurs se disputent le prix de la force; des coureurs rivalisent de légèreté; des acteurs, couverts des masques adoptés sur la scène grecque et romaine, représentent les Pamphiles et les Chrémès de Térence et de Plaute.

Il reste bien peu de chose de tant de constructions, une végétation vigoureuse en couvre les débris; on voit à leurs pieds des champs de blé, de blé de Turquie, de lupins. Les églantiers, les cythises et d'autres buissons en fleurs croissoient sur les arcades et obstruoient l'entrée des salles de bains, encore ornées d'arabesques et de peintures; le mélange de feuillages de teintes différentes faisoit un effet charmant au milieu des ruines; le soleil à son couchant doroit les antiques murailles qui s'élevoient au

milieu des légers oliviers, des figuiers, des
pins à parasol, des sombres cyprès ; les oiseaux
retirés dans ces masses de verdure faisoient entendre leurs derniers chants ; les laboureurs
quittoient les carreaux qu'ils cultivoient à côté
du temple de Canope, et se retiroient chargés
de leurs bêches dans le temple de Prométhée,
demeure de leur famille. Voilà ce qu'est devenu le palais d'Adrien, voilà les scènes qui
ont succédé à la cour d'un empereur.

L'impression que produit une belle soirée
communiquoit une teinte plus mélancolique
encore à ces ruines déjà si mélancoliques par
les pensées qu'elles faisoient naître.

Nous nous promenions en silence, ne demandant plus le nom et l'histoire de ces constructions ; c'est le vrai moment de jouissance
du voyageur, lorsqu'il se livre aux réflexions
que la grandeur du spectacle qu'il a sous les
yeux lui a inspirées, et qu'il se laisse entraîner
par elles ; alors on évite toute conversation ; on
se retire pour jouir de cette émotion, de cette
espèce d'ivresse dues à cette foule d'idées qui
vous dominent, et qui vous transportent pour
quelques instans dans une nouvelle existence.

Nous remontâmes en voiture et nous arrivâmes dans les rues étroites de la petite ville

de Tivoli ; la maison de l'auberge est placée à côté du temple de la Sybille et au-dessus de la chute du Teverone : nous nous endormîmes au bruit des eaux, nous croyant dans ces villages de la Suisse qui retentissent du fracas des torrens.

Le lendemain, une troupe d'ânes enharnachés se présenta à notre porte ; la coutume veut que l'on se serve de ces humbles coursiers pour parcourir le vallon de Tivoli. Nous nous acheminâmes sur un coteau séparé par le Teverone de celui où est située la ville ; nous descendions souvent de nos montures pour examiner d'anciennes constructions, des réservoirs d'eau, des débris d'habitations, des temples. On distingue deux manières de bâtir chez les anciens, l'*opus reticulatum* et l'*opus incertum* ; dans la première, les briques sont placées avec une régularité qui présente l'image d'un réseau et qu'on ne retrouve pas dans les ouvrages de la seconde manière.

On donne à quelques fragmens de constructions le nom de villa d'Horace. Cette villa est dans une situation charmante ; elle domine les chutes du fleuve ; à côté croissent d'immenses touffes de cactus. En descendant à travers les forêts de châtaigniers et d'oliviers, les vergers et les vignes, nous atteignîmes les bords du

fleuve, tapissés d'une épaisse verdure, que les
cascades couvrent de rosée ; la colline opposée
offre le plus brillant aspect.

La ville se déploie sur le sommet ; elle est
divisée par un pont élancé sur deux arches : le
Teverone se précipite dans un fond que l'on
nomme la grotte de Neptune ; l'épais brouillard
qui s'en échappe vient arroser des pentes de
verdure où l'on voit paître des troupeaux ; des
pigeons sauvages qui nichent dans les rochers,
voltigent au-dessus des eaux écumantes : le
Teverone retombe de nouveau et forme les
grandes cascatelles ; le fleuve reprenant ensuite
un cours paisible, serpente au fond de la vallée.
La ville, en se prolongeant sur l'inclinaison de
la crête du coteau, se termine à droite par les
restes d'une construction percée d'arcades que
l'on nomme la villa de Mécène : ce bâtiment
a été métamorphosé en une forge, où l'on tra-
vaille le minérai tiré des terres du prince de
Canino ; un torrent encaissé dans des murs
énormes coule avec fracas dans l'intérieur de
l'édifice, en ressort par une des arcades, se répand le long de la pente rapide du vallon, et
forme les petites cascatelles à peu de distance
des grandes. Ce brillant tableau est couronné
par le temple élégant de la Sybille qui com-

mande la vallée, et par les terrasses de la villa
d'Este, qui s'élèvent en amphithéâtre, à la sommité desquelles est placé le palais. La colline
est couverte d'une belle verdure ; l'air est ra-
fraîchi par la poussière humide de tant de chutes
et retentit du bruit majestueux des eaux.

Des souvenirs intéressans embellissent ces
lieux ; c'est là que Properce et Catulle célé-
brèrent ces femmes charmantes qui leur durent
l'immortalité : peut-on ne pas penser à Horace,
en voyant ces bosquets qu'il a chantés et ce
fleuve qui depuis lui n'a cessé d'ébranler de sa
chute les rochers qui l'environnent ? Ces lieux
ont été couverts des habitations des grands de
Rome ; Auguste venoit s'y délasser des travaux
de l'empire. On montre les maisons de campagne de Brutus et de Cassius, où fut tramée
la conjuration contre César. On a découvert à
quelque distance de Tivoli les restes de la villa
qu'Aurélien donna à Zénobie : cette reine superbe de l'Orient, après avoir décoré le triomphe de son vainqueur, passa dans ces lieux les
derniers jours de sa vie, se rappelant les leçons
de Longin pour supporter d'aussi grands revers.

On nous montra l'endroit où les statues des
neuf Muses ont été trouvées. Un chasseur,
forcé par l'orage de chercher un abri sous un

arbre, remarqua qu'un petit ruisseau qui cou-
loit à ses pieds disparoissoit tout-à-coup dans
une excavation du terrain ; à la lueur d'un flambeau, il y découvre des statues : ravi de ce
bonheur inespéré, il ne précipite rien, et forme
un plan de conduite pour n'être pas obligé à
partager le trésor avec le propriétaire du sol,
qui auroit eu droit à la moitié ; il annonce pu-
bliquement son intention d'acheter un petit
champ en tout semblable à celui qui renferme
les statues ; on lui en offre plusieurs, il les refuse. Enfin le propriétaire attendu se présente ;
le chasseur, quelque temps après, témoigne
le désir de construire une maison sur sa nouvelle acquisition. L'édifice est commencé, l'indifférent possesseur ne va point inspecter les
travaux ; mais un jour on lui annonce qu'un
obstacle imprévu arrête les ouvriers, sur la
direction d'un des murs le terrain est excavé
à une grande profondeur. A cette nouvelle, il
se plaint de son malheur, il dit qu'il faut tout
abandonner ; on lui répond qu'on peut remé-
dier au mal en jetant de solides fondemens ; il
y consent : et quelle est sa surprise, lorsqu'on
vient lui annoncer qu'on a trouvé des statues !

Nous dînâmes au pied du temple de la Sybille, voyant le Teverone se briser à nos pieds,

et autour de nous un amphithéâtre de collines couvertes d'arbres et d'habitations, dominées par des montagnes arides. Nous quittâmes avec regret ce beau pays, pour rentrer dans les plaines qui entourent Rome.

Il nous reste à considérer Rome sous un nouveau point de vue ; aux trophées de son ancienne gloire, au rôle politique que la suprématie de son évêque peut lui faire jouer encore aujourd'hui, cette ville joint l'avantage d'être l'école des beaux-arts pour le monde : lors de la renaissance des lettres, la munificence et le luxe des papes y attirèrent les artistes les plus distingués de l'Italie. Ceux qui vinrent étudier de si grands modèles laissèrent eux-mêmes de leurs ouvrages dans Rome. Les jouissances que donnent les beaux-arts devoient être recherchées par ces princes de l'Église, dont les richesses étoient immenses, que leur dignité éloignoit des plaisirs trop bruyans et ramenoit à l'étude. Des familles enrichies par l'élévation d'un de leurs membres sur le siége papal, décorèrent leurs palais de chefs-d'œuvre ; les sociétés religieuses consacrèrent leurs revenus à embellir leurs couvens ; les décimes et les produits des indulgences de toute l'Europe payoient les travaux de Michel Ange et de Raphael dans

Rome ; le luxe des arts devint celui des Romains. Le voyage à Rome est pour les artistes
un pélérinage obligé ; ils viennent y chercher
non-seulement de grands modèles, mais encore
des directions, de l'encouragement, l'enthousiasme pour les arts. Que d'hommes qui ne
croyoient passer que quelques jours dans cette
ville, y ont fixé leur résidence. En lisant l'histoire des artistes, des antiquaires, combien en
verrons nous qui, bravant des obstacles qui
paroissoient insurmontables, ont quitté en secret
leur patrie pour se rendre à Rome ; le célèbre
Vinckelmann, en s'éloignant des objets chéris
de ses études, est attaqué d'une profonde mélancolie qui le force à reporter ses pas vers les
contrées hors desquelles il ne peut plus vivre.

C'est pour les jeunes-gens dont la fortune
seconde mal les heureuses dispositions, que la
France a fondé une école à Rome ; là, ceux
qui ont donné dans leur patrie des preuves de
leurs talens, sont entretenus aux frais du gouvernement ; ils y sont surveillés par un directeur qui leur sert de père et qui les guide dans
leurs travaux ; chacun d'eux, sans doute, en
recevant cette flatteuse récompense, sent dans
son cœur le besoin de rendre un jour à sa
patrie ce qu'elle a fait pour lui, et de réaliser

l'espoir qu'elle a fondé sur ses talens. La France a recueilli le fruit de cette institution libérale et paternelle ; c'est à l'école de Rome qu'est due en partie la grande supériorité de l'école de peinture françoise actuelle , sur celle des autres nations.

Quelle doit être l'émotion du jeune habitant des pays septentrionaux , qui, entraîné par un goût que rien n'a pu combattre , entre dans cette ville, dont depuis long-temps il n'entendoit pas sans soupirer prononcer le nom ! La voilà cette cité qui a été habitée par tous les grands artistes, où ils entrèrent jeunes , sans nom comme lui, et où ils acquirent l'immortalité ; la voilà ornée des chefs-d'œuvre de Michel Ange , de Raphael, du Dominiquin. Ici tout lui parle de son art ; il est entouré d'hommes qui déjà se sont distingués dans la carrière qu'il va parcourir ; un jour il obtiendra le rang dont ils jouissent. Pourquoi même n'égaleroit-il pas ces maîtres illustres, dont on ne prononce plus le nom sans respect ? il est jeune, plein de force et de courage, quels obstacles pourroient l'arrêter ? Ah ! qu'il lui tarde de reprendre le pinceau et d'imprimer à son ouvrage ce caractère sublime qu'il n'a pas connu jusqu'à présent, et qu'il vient aujourd'hui seulement de

comprendre. Hélas, il ne pense pas que plusieurs de ces hommes célèbres achetèrent chèrement la célébrité accordée à leur mémoire ; il
ne pense pas que des rivalités, des dégoûts, la
pauvreté empoisonnèrent souvent une existence
qui lui paroît si digne d'envie : mais, dans l'ardeur qui l'anime, il demanderoit, même à ce
prix, une gloire égale à la leur ; créer des
chefs-d'œuvre lui semble une compensation à
tous les maux.

La sculpture est maintenant à Rome dans
une époque brillante ; plusieurs artistes du Nord
y suivent les traces du premier sculpteur moderne, Canova. Les tombeaux me paroissent
une des plus belles productions de cet art. Il
est intéressant, en parcourant les ateliers, de
passer en revue ces monumens des regrets d'une
famille, de la reconnoissance d'une nation ; ces
souvenirs d'un sentiment qui survit au trépas
ont quelque chose de noble et de touchant.
Une mère rendue à la santé par les soins de
sa fille qu'elle a eu le malheur de perdre, fait
graver sur le marbre l'image de son enfant, qui
veille autour d'elle. Ailleurs, le génie de la
mort, la tête baissée, conduit par la main une
jeune femme, et l'entraîne doucement du milieu de sa famille, qui veut en vain la retenir.

Il y a quelques années que les sculpteurs s'é-
loignoient de cette belle simplicité; ils gâtoient
leurs ouvrages par des ornemens de mauvais
goût; ils représentoient la mort sous la figure
d'un vieillard sévère armé d'une faux, ou d'un
hideux squelette qui entraînoit sa victime dans
une tombe ouverte. L'image de notre destruction est trop repoussante, pourquoi la rappeler
quand on veut faire naître des impressions
grandes et relevées? pourquoi associer des
idées pénibles au souvenir de celui dont on
veut éterniser la mémoire? ce sont ses vertus
qu'il faut retracer. Aujourd'hui des figures de
femmes d'un caractère noble, représentant la
justice, la religion, la charité en deuil, veillent
autour du tombeau, le protègent, l'honorent
de leurs larmes: la mort est représentée sous la
figure d'un jeune homme d'une expression grave
et mélancolique; le flambeau de la vie s'éteint
à côté de lui; il tient une guirlande de pavots,
image du sommeil.

Le tombeau de Clément XIII dans l'église
de St. Pierre, est un des beaux ouvrages de
Canova; la statue du pape est placée dans la
partie la plus élevée, il prie avec ferveur; la
religion, sous la figure d'une femme, la tête
ornée de rayons, est debout au bas du tom=

beau ; vis-à-vis , le génie de la mort couché ;
deux lions gardent le monument : l'un est
endormi, l'autre relève à demi sa tête et veille
sur le dépôt qui lui est confié.

L'église de St. Pierre est ornée des tombeaux de plusieurs des derniers papes ; et lorsque le pontife nouvellement élu vient se placer
sur le trône à l'extrémité de la nef , il découvre
à droite et à gauche , sous ces immenses chapelles, les marbres qui renferment les cendres
de ceux qui l'ont précédé ; tant de monumens
funèbres doivent lui retracer le néant de la
gloire, la courte durée de son règne : pour un
pape , le trône est bien près du tombeau.

L'exaltation du souverain pontife est annon-
cée à Rome par l'artillerie du château Saint-
Ange ; il reçoit à St. Pierre l'adoration des
ambassadeurs , des prélats et du peuple : en
ce moment solennel , des religieux vieillis dans
la retraite se trouvent tout-à-coup souverains ;
plusieurs d'entr'eux soupiroient depuis long-
temps pour ce poste éminent ; d'autres , à la
pensée de la grandeur de leur tâche et du
compte qu'ils devront en rendre, ont éprouvé
un sentiment d'effroi, et ont mouillé de leurs
larmes ces ornemens dont on les décoroit
contre leur volonté. Confondus dans la foule ,

de simples religieux considérant de loin cette
cérémonie, pensent qu'ils pourront un jour être
aussi l'objet de si grands honneurs : que de
vœux secrets n'ont jamais été exaucés et sont
restés ensevelis dans le cœur de ceux qui les
ont formés !

En parcourant la ville de Rome, on est
étonné de l'importance que les papes ont mis
à attacher leur nom aux moindres ouvrages
qu'ils ont fait construire; effrayés sans doute
de la courte durée du règne de leurs prédécesseurs, ils se sont hâtés de laisser des traces
de leur existence : un mur, une simple fontaine sont réclamés par eux, et une pompeuse
inscription en rappelle le fondateur. On a
cherché les termes les plus magnifiques pour
rehausser l'importance d'une construction qui
pourroit être l'ouvrage d'un simple particulier :
*C'est la munificence de Clément ou de Benoit
qui a enrichi la ville de Rome de ce monument.* — Sur les ouvrages de l'antiquité, les
noms et les titres du restaurateur occupent plus
de place que ceux du modeste fondateur, qui
souvent s'est laissé ignorer et qu'il a fallu deviner.

La magnifique fontaine de Trevi est un des
beaux ornemens de Rome moderne, mais trois

papes semblent se disputer la gloire de sa construction. Une inscription annonce que Clément
XII a fait venir la source et a commencé l'ouvrage ; une seconde, que Benoit XIV l'a con-
tinué ; une troisième, que Clément XIII y a
ajouté quelques ornemens.

Le style lapidaire, si concis chez les anciens,
se prête à Rome aux éloges que le construc-
teur se donne à lui-même et qu'il devroit laisser
faire aux spectateurs.

On lit sur l'architrave de la façade de St.
Pierre, en lettres immenses :

In honorem Principis Apostolorum, Paulus V
Burghesius Romanus, Pont. Max.
Anno MDCXII, Pontificatus VII.

Paul V a-t-il voulu ravir à ses prédécesseurs
la part qu'ils avoient eue à cette gigantesque
entreprise, qui avoit déjà coûté un siècle de
travaux ?

Des papes des derniers siècles, Sixte V, malgré la courte durée de son pontificat, est un
de ceux qui ont le plus contribué à l'embellissement de sa capitale ; il a élevé la coupole de
St. Pierre ; il a fait placer les obélisques de St.
Pierre, de la porte du peuple, de St. Jean de
Latran et de Sainte-Marie-Majeure ; il a cons-

truit la fontaine nommée l'aqua Felice, dont
il a amené l'eau avec de grandes dépenses à
Rome.

L'administration sévère au moyen de laquelle
Sixte V sut ramener l'ordre dans ses États, et
l'adresse avec laquelle, avant son élévation, il
voila ses desseins, l'ont rendu plus remarquable
encore ; et lorqu'on le voit parvenir à la dignité
qu'il avoit achetée par quinze années de dissimulation, par une vie entière de contrariétés,
et dont il ne devoit jouir que cinq ans, on a
de la peine à comprendre la persévérance d'une
semblable ambition. Né dans la pauvreté, il
sentit dès son enfance le besoin de sortir de
l'état où la nature l'avoit placé. Son ambition
se borna d'abord à être admis comme simple
religieux dans un couvent où il avoit été recueilli
par pitié ; mais cet homme si fier, si avide du
pouvoir, si digne de l'obtenir, enfin revêtu
du froc, se vit soumis à une dépendance
qu'il ne connoissoit pas lorsqu'il conduisoit son
troupeau dans les campagnes : dès qu'il chercha
à s'élever au-dessus de la foule ignorante des
moines, il s'attira la haine que le désœuvrement
fait naître dans les cloîtres. Aigri par les contra-
dictions et les châtimens que lui attiroient sa
roideur et son indocilité, il comprit que ce

n'étoit que par un changement total qu'il pourroit parvenir au but dont il étoit si éloigné ;
alors il fit taire ses passions, d'autant plus fortes
qu'elles ne recevoient aucune distraction dans
sa cellule ; il se soumit aux humiliations et au
mépris ; il imposa silence à la haine et à la vengeance, épreuve cruelle pour un cœur comme
le sien. Lorsqu'il fut parvenu au poste où la
supériorité de son esprit lui commandoit d'atteindre, son naturel, loin d'être amorti par une
si longue contrainte, reparut avec d'autant plus
de force qu'il avoit été long-temps comprimé ;
il usa avec d'autant plus de rigueur du commandement, qu'il avoit connu long-temps l'o-
béissance ; il déploya sur le trône des talens qui
l'ont placé dans le nombre des grands souverains, et qui jusqu'alors n'avoit fait de lui qu'un
moine indocile, un prélat faux et dissimulé.

Je ne me hasarderai point à parler des tableaux fameux que Rome possède ; les fresques
du Vatican, celles des palais Farnèse, ont souvent été décrites. La gravure a fait connoître
à ceux qui ne sont pas venus à Rome, ces ouvrages, qui, par leur nature, sont inaliénables.
On connoît cette aurore du Guerchin qui s'é-
lance au-devant du char du Soleil ; elle répand
des fleurs sur la terre, que l'on voit dans l'en-

foncement, au-dessous de la nuée qui soutient
le brillant cortége du dieu du jour. La galerie
du palais Farnèse est ornée des fresques des
peintres les plus célèbres de l'école de Bologne;
c'est là qu'on voit Galathée, qui vient écouter
les chants du Cyclope qui soupire pour elle. La
nymphe de la mer, entourée de ses compagnes,
glisse légèrement sur la surface des eaux; ses
cheveux sont encore humides de l'onde dont
elle vient de sortir; ses vêtemens, qui flottent
au gré des vents, forment, au-dessus de sa
tête, une voile qui entraîne son char attelé de
chevaux marins. Le couvent de St. Grégoire
contient des ouvrages du Dominiquin et du
Guide; on va voir dans la villa Albani les muses
de Raphael Mengs. Rome, qui étoit privée,
au moment de notre séjour, de plusieurs de
ses tableaux les plus célèbres, en renfermoit
de très-marquans dans les galeries Colonna,
Doria, Rospigliosi, Corsini, etc.; mais les voyageurs qui n'ont pas des connoissances très-ap-
profondies en peinture, donnent ordinairement trop peu de temps à ces chefs-d'œuvre
pour pouvoir les apprécier, et surtout pour les
décrire et les juger. Se croira-t-on, après un
examen de quelques minutes, le droit de cri-
tiquer un ouvrage qui peut avoir coûté des

mois de méditation et d'exécution à un peintre dont la réputation est déjà faite depuis long-temps? La première vue d'un tableau un peu compliqué est toujours un moment de légère fatigue : il faut se pénétrer du sujet, connoître les personnages, deviner l'intention de l'auteur : plus on contemple un beau tableau, plus on éprouve de jouissance ; on découvre peu à peu des détails qui avoient échappé, et de nouvelles nuances dans les physionomies ; on comprend l'action qui a précédé celle qui est dépeinte et celle qui doit suivre. Dans un paysage, on se transporte sur le lieu de la scène, on accompagne les personnages que le peintre y a placés ; on les suit au-delà même des bornes du tableau ; on pénètre avec eux dans le bois touffu dont l'artiste n'a pu représenter les sombres retraites, mais qu'il a laissées deviner.

Pour recueillir quelque fruit et quelque plaisir de ses promenades dans les palais et les atteliers, qui forment une grande partie des occupations des étrangers en Italie, il faut avoir un guide instruit qui puisse vous diriger : j'ai eu le bonheur de trouver chez mes amis les lumières qui me manquoient. J'éprouve un sentiment de pitié pour le voyageur qui, sans aucun goût pour la peinture, sans direction et sans connoissances élémentaires, arrive en Italie, et se voit condamné, par respect pour la coutume, à consacrer ses matinées à visiter les galeries, livré au custode dont, depuis bien des années, le métier est de faire parcourir aux curieux les différens appartemens du palais : docile à la voix de son guide, il s'approche d'un tableau, on lui en nomme l'auteur, il s'en éloigne pour passer au suivant, qu'il considère et qu'il quitte avec la même indifférence, sans que le nom du peintre, la touche de son pinceau, excitent son intérêt, le retienne plus long-temps, lui inspire quelques réflexions : fatigué d'une succession de figures et de paysages qui ne réveillent chez lui d'autre impression que celle de l'ennui, il voit avec effroi la longue enfilade de salles qu'il a encore à parcourir; il calcule le nombre des tableaux qu'il n'a pas vus, il soupire après le moment où la tâche qu'il s'est imposée sera achevée, et où il remerciera son guide, en lui remettant la gratification d'usage.

Je ne conseille pas à ce novice amateur des arts, de hasarder son opinion et de chercher à rompre un silence qui lui est à charge, par quelques réflexions critiques; en vain aura-t-il choisi le tableau le plus détruit, le plus noir de la collection, pour en faire l'objet de sa

censure, le custode, qui a déjà jugé du peu
d'étendue de ses connoissances, s'écrie que c'est
un Caravage, un Valentin, un Bassan, un des
morceaux les plus estimés du propriétaire, les
plus admirés des amateurs. L'étranger, confus,
regrette d'avoir fait une remarque si peu favo-
rablement accueillie; il est surpris de l'énorme
quantité de Raphael, de Guerchin, de Guide
que les palais renferment; la fertilité de ces
maîtres l'étonne encore plus que leur talent;
il ne sait pas qu'il existe des artistes qui se
vouent à contrefaire les grands modèles, qui
imitent jusqu'à leurs défauts, qui, pour mieux
tromper, savent donner à la toile l'apparence
de la vétusté.—J'ai vu à Rome un peintre qui,
du matin au soir, faisoit des Vernet.

Non-seulement Rome attire les peintres qui,
se préparant à traiter les sujets de l'histoire ancienne, viennent chercher, au milieu des monumens et sur le sol que les Romains ont habité, de grandes pensées et d'heureuses inspi-
rations; mais cette ville est constamment habitée par une foule de peintres d'un genre moins
élevé qui y trouvent mille sujets pour exercer
leur pinceau. Les grandes masses d'architecture, décorées de feuillages, embellies d'une
teinte antique; les beaux temples modernes

qu'animent les cérémonies du culte catholique ;
les costumes des habitans et leur physionomie
pleine d'expression ; les vêtemens pittoresques
des moines ; les cascades de Tivoli et de Terni ;
les bords du lac de Bracciano ; les belles lignes
des constructions italiennes ; les teintes chaudes
du ciel du midi, sont des ressources inépui-
sables pour les peintres.

Dans les atteliers , dans les magasins , sur
les portes des boutiques , partout on voit répétés les monumens de Rome ; la gravure, de
légers lavis les reproduisent ; les fabricans de
mosaïques s'en emparent. Le temple de Vesta,
le Panthéon , le colysée , empreints sur des
médaillons et des colliers, sont destinés à orner
le cou, à briller dans les cheveux d'une femme
du Nord , qui n'a peut-être jamais entendu
parler de ces débris de l'antiquité. Ces expo-
sitions font des rues de Rome comme un museum ; on y voit le campo Vaccino, la gravure
d'une fresque de Raphael, celle d'un monument
élevé par Canova. Des peintres ont pris dans
les scènes ordinaires de la vie des sujets heureux : une femme à genoux devant le berceau
de son enfant demande l'aumône avec cette
véhémence qui appartient à la nation italienne ;
on croit entendre ses cris touchans : une famille

de passagers prie devant une madone peinte
sur le mur, éclairée par une lampe, tandis
qu'un paysan arrête son âne dans le chemin,
et se découvre avec respect devant l'image de
la vierge : un moine répand de l'eau bénite sur
une tombe : une paysanne de Tivoli se repose
sur une colonne, et place son panier sur un
chapiteau.

Je dois quitter Rome ; la courte durée du
séjour que j'y ai fait ne me donne pas le droit
de m'étendre davantage sur une ville qui a
été si souvent décrite. Parmi tant d'écrivains
qui ont traité le même sujet, il en est un qui
se distingue par l'éclat de son imagination, et
vers lequel le voyageur, souvent fatigué de détails secs et minutieux ou de phrases ambitieuses
et stériles, vient chercher des pensées grandes :
une femme célèbre a renfermé dans le cadre
d'un roman, la description de ce que l'Italie
offre de plus frappant. Elle a su profiter des
différentes situations de ses héros, pour colorer
le pays qu'elle décrit ; ainsi Corine, dans ses
jours de gloire, parcourt Rome et Naples, si
favorisées par la nature ; les sombres canaux de
Venise, qui laissent chez tous les étrangers une
impression de tristesse, s'obscurcissent encore
des regrets et des funestes pressentimens des
deux amans au moment de leur séparation.

On a blâmé les auteurs qui ont rattaché la description du pays qu'ils vouloient décrire, à une intrigue romanesque ; un semblable ouvrage présente un intérêt divisé et sans cesse interrompu ; on craint que des aventures imaginaires ne nuisent à la simplicité et à la vérité du récit. Mais quelle ressource pour un écrivain distingué ! quelle vie cet intérêt n'ajoute-t-il pas à des descriptions locales, soit que l'on fasse contraster la tranquillité de la nature avec le trouble d'une passion , soit que l'on trouve dans des scènes imposantes et dans le bouleversement des élémens, une harmonie avec les agitations du cœur.

On va chercher dans la plupart des ouvrages qui ont été écrits sur l'Italie, des noms , des faits, des dates ; dans celui de Mme de Staël, les réflexions que la vue de tant d'objets différens peut faire naître : le voyageur, en le lisant , y retrouve les impressions qu'il avoit éprouvées , mais dont souvent il ne savoit pas se rendre compte. Quel plaisir pour lui de voir si nettement, si brillamment présentés des aperçus qui, trop foibles et à demi-formés, se seroient bientôt évanouis !

Ce n'est pas sans peine que l'on se détermine à quitter Rome ; en partant, nous comptions y être de retour au bout de peu de jours : combien nos regrets eussent été plus grands si nous eussions su que les circonstances ne nous permettroient pas d'y revenir ! La dernière soirée de notre séjour , nous allâmes dire adieu à ces ruines que nous avions souvent visitées ; nous entrâmes dans quelques-unes de ces églises qui sont si multipliées dans les places désertes au-delà du Capitole : celle de San Stephano rotundo nous fit une grande impression. C'est un ancien temple qui a été converti en église : elle est de forme circulaire ; la voûte est soutenue par un double rang de colonnes : la foible lumière qui pénétroit par de petites fenêtres fort élevées , donnoit à l'intérieur de cet antique édifice , un aspect imposant.

Nous entrâmes dans la villa Mattei , qui a été réparée et ornée pour servir d'habitation au prince de la Paix : des bustes, des obélisques, des fontaines, de beaux cyprès, des terrasses, la décorent. De cette villa, bâtie sur une éminence, on domine une grande partie de Rome ; on découvre l'enceinte des murailles d'Aurélien, la pyramide de Caïus Sextus, les thermes de Caracalla ; dans la campagne, le tombeau de Cécilia Metella au milieu des ruines ; dans le lointain, les collines de Fras-

cati ; d'un autre côté , la villa Mellini , les
statues d'Apôtres et de saints, qui, placées
sur le faîte de l'église de St. Jean de Latran,
se dessinent dans les airs et semblent s'élancer
vers le ciel. Cette confusion de ruines, de palais,
de clochers, de statues mêlés à la verdure des
pins de quelques villa et des palmiers des jardins, des couvents, faisoit, au coucher du
soleil, un effet remarquable.

Que de tableaux différens ! Ce n'étoient pas
seulement les monumens de l'empire romain,
que nous avions sous les yeux, c'étoient encore
ceux de Rome triomphante dans le moyen âge.

L'église de St. Jean de Latran, la première des
basiliques, le siége épiscopal du pape, l'ancienne
cathédrale du monde chrétien, s'élève à côté
des ruines des constructions des Césars. Cédée
par Constantin au pape Silvestre, ainsi que le
palais de Latran, qui fut la demeure des pontifes jusqu'au temps où ils se fixèrent à Avignon,
cette église a donné son nom à cinq conciles
généraux; elle a été le témoin du prodigieux
accroissement de puissance des évêques de
Rome.

Dans le second concile de Latran , convo-
qué par Innocent II en 1139, près de mille
prélats se trouvèrent rassemblés. Dans le troi-

sième, les évêques de Tyr, de Bethléem et
d'autres évêques orientaux, se réunirent à ceux
de toute l'Europe. Les patriarches de Constantinople et de Jérusalem assistèrent au quatrième
concile; ceux d'Alexandrie et d'Antioche y en-
voyèrent des députés. On y vit les ambassadeurs
de l'empereur de Constantinople, du roi des
Romains, des rois de France, d'Angleterre, de
Hongrie et de tous ces royaumes du Levant
auxquels les croisades avoient donné naissance.

Dans ces conciles, on méditoit de nouvelles
expéditions à la terre sainte; on élevoit des
barrières aux projets ambitieux des empereurs
d'Allemagne; on y décidoit de ces articles de
foi dont la discussion agitoit le monde chrétien : l'Europe avoit les yeux fixés sur ces réu-
nions solennelles, où tous les royaumes, toutes
les principautés avoient des représentans : une
foule d'ecclésiastiques subalternes, la suite de
tant de prélats et d'ambassadeurs, remplissoient
ces places maintenant désertes, ces palais qui
tombent en ruine, ces églises aujourd'hui aban-
données.

Nous reprîmes de nuit le chemin de la place
d'Espagne; nous traversâmes le Campo-Vaccino;
la masse sombre du Colysée se dessinoit sur un
ciel pur; on respiroit le parfum des buissons

en fleur qui croissent sur les ruines ; le chant
du rossignol et le coassement des grenouilles
se faisoient entendre dans les campagnes.

La route de Rome à Naples passe sur le
coteau d'Albano, traverse la petite ville de
Laricia, et par des collines et des vallons d'une
verdure agréable, conduit à Velletri, à l'entrée
des marais pontins. Nous cheminâmes quelque
temps, en sortant de Rome, entre les deux rangs
d'une colonne de troupes napolitaines qui alloient renforcer l'armée de Murat dans le nord
de l'Italie. A Velletri, le pays change, devient
plat et marécageux ; l'atmosphère, pesante et
malsaine, invite au sommeil ; on atteint ensuite la belle chaussée construite par Pie VI,
qui se prolonge jusqu'à Terracine sur un espace
de plusieurs lieues : ces marais dont on parle
avec effroi, sont d'un aspect charmant. A notre
gauche, nous voyions d'immenses prairies couvertes de troupeaux de bœufs, de jumens suivies de leurs poulains, de buffles au regard féroce, la fumée des joncs auxquels on avoit
mis le feu, montoit dans l'air ; çà et là s'é-
levoient quelques huttes faites de roseaux. A
droite, une verdure épaisse couvroit ces terrains inondés ; d'immenses ronces, des lianes
atteignoient les branches des arbres. Nous

cheminions rapidement sur une chaussée plus
unie que les promenades des villes, ombragée
à droite et à gauche par un double rang d'or-
meaux; un canal le long de la route recevoit
l'eau des prairies.

Tout-à-coup l'aspect change ; les marais
disparoissent, le pays se resserre ; on voit la
mer en face ; la ville de Terracine paroît sur
de hauts rochers, aux pieds desquels de grands
bâtimens, la maison de l'auberge et celle de
la douane forment une place terminée, d'un
côté par le rivage, de l'autre par la montagne
tapissée d'une immense quantité d'aloès et de
cactus à larges feuilles; on montre sur ces rochers des restes de constructions qu'on dit être
l'ancien palais de Théodoric, roi des Goths.

La place étoit remplie des équipages d'un
général napolitain qui se rendoit à l'armée,
suivi de ses aides-de-camp. La route de Naples
était alors infestée de brigands : avant de quitter
Rome, nous avions appris que plusieurs voyageurs partis de cette ville avoient été arrêtés.
A Velletri, des passagers nous donnèrent des
nouvelles plus inquiétantes encore : quatre voitures, à leur sortie de Fondi, avoient été atta-
quées par une troupe nombreuse de bandits;
les voyageurs, en se défendant, avoient blessé

quelques-uns des assaillans; ceux-ci, furieux,
avoient tué deux gendarmes, deux postillons,
maltraité les voyageurs et pillé leurs effets. Ceux
qui nous faisoient ce récit avoient vu, le matin
même, les corps morts encore étendus dans la
route : comme des gens qui viennent d'échapper
à un danger, sont un peu disposés à exagérer
le péril qu'ils ont bravé, nous nous défiâmes de
leurs nouvelles, mais elles se confirmèrent sur
la route. Nous prîmes conseil à Terracine sur ce
que nous devions faire ; dans une des voitures
qui suivoient la nôtre, étoit une dame romaine
qui n'étoit plus jeune, et qui, par ses prétentions, amusoit les voyageurs; elle étoit accompagnée d'un jeune napolitain dont elle exigeoit
des attentions. Le Napolitain étoit assez soumis
lorsqu'il étoit seul avec elle, mais, réuni aux
autres, ses égards diminuoient, et il cédoit
à l'impulsion générale ; alors la dame entroit
en fureur et s'écrioit en soupirant : *Ah ! si
j'avois vingt ans de moins !* Comme elle pa-
roisssoit la plus effrayée, on ne lui épargnoit
pas les descriptions des dangers de la route ;
elle se faisoit, des attentats des brigands,
des craintes qu'elle n'eût raisonnablement pas
dû concevoir. La proposition d'un général qui
retournoit à Naples, de prendre place dans une

de nos voitures, et de se faire suivre de son escorte, leva toutes les difficultés, et nous nous acheminâmes dans la route qui tourne le rocher de Terracine, précédés d'un piquet de gendarmerie.

Madame de Staël a fort bien rendu l'impression qu'on éprouve en dépassant Terracine. Le passage du nord au midi se fait sentir tout-à-coup; l'aspect du pays change complétement. Mais dans ces lieux si favorisés de la nature, on est étonné de voir régner la misère. Sous les vergers d'orangers, habitent des hommes dont les vêtemens annoncent une grande pauvreté; un morceau de cuir fixé par de petites cordes qui s'entrelacent autour de leurs jambes, leur sert de chaussure. Les petites villes de Fondi et d'Itri ont l'air misérable; on dit qu'une partie de leurs habitans sont les espions et les complices des bandits qui infestent presque habituellement le pays. Le général napolitain nous ayant quittés à Fondi, nous fîmes précéder notre voiture par une escorte, que nous demandions aux différens corps-de-garde placés sur le chemin; ces corps-de-garde établis de la veille par ordre du gouvernement, n'étoient que des huttes faites de branchages.

Rien de moins imposant que notre escorte;

elle étoit composée d'un ou deux vétérans vêtus d'un ancien uniforme, et d'un plus grand
nombre de paysans qui, sans souliers, sans bas et
presque sans vêtemens, avec un chapeau poin-
tu, étoient assez embarrassés du poids du fusil
qu'on leur avoit confié et dont ils étoient, je
crois, bien résolus à ne pas faire usage. Le
lieu où l'assassinat avoit été commis est un
angle de la route à une demi-lieue de Fondi,
dominé par des rochers couverts de broussailles,
où l'on voit quelques restes de fortifications,
dans l'endroit même où le poète Esménard,
jeté hors de sa voiture, a été tué.

Nous nous fatiguâmes bientôt de cette escorte qui retardoit notre marche, et nous re-
fusâmes les offres des postes de la route. La
sortie d'Itri est très-pittoresque; le pays est
couvert de lauriers, de figuiers, de myrtes,
de lentisques; on traverse le bourg de Castel-
lone, et l'on arrive à Mola di Gaëte, sur le
bord de la mer. A droite, s'avance la pres-
qu'île sur laquelle est bâtie la forte ville de
Gaëte, dont les édifices et les fortifications
semblent sortir des eaux; la tombe de la nour-
rice d'Énée est devenue une forteresse célèbre.

« Tu quoque littoribus nostris, Æneïa nutrix,
» Æternam moriens famam, Caïeta, dedisti : *etc.*
ÆNEID., Liv. VII.

On voit près de Mola une villa appelée la villa
de Cicéron, un bâtiment antique sur la grande
route est, dit-on, le tombeau de cet homme
célèbre; c'est sur ces rivages qu'il reçut la mort.

Après l'assassinat de César, Cicéron s'efforça
sans relâche de ranimer le parti républicain;
c'est alors qu'il prononça ces fameuses philip-
piques dirigées contre Antoine, qui menaçoit
la liberté de Rome. La réunion d'Octave, de
Lépide et d'Antoine porta le dernier coup à
son parti; les triumvirs signèrent les listes de
proscription, dans lesquelles on vit le nom de
Cicéron, que le jeune César abandonna lâchement à la fureur de son ennemi.

Cicéron étoit avec son frère dans sa maison
de Tusculum, lorsqu'il apprit cette nouvelle;
il partit sur-le-champ et s'embarqua; mais les
vents contraires le ramenèrent sur les côtes
d'Italie; les instances de ses domestiques l'en-
gagèrent à s'embarquer de nouveau. Toujours
contrarié par les vents, il descendit à Gaëte,
et se rendit à Formies, une de ses maisons de
campagne à un mille de la côte. Là il déclara
que, las de fuir, fatigué de la vie, il étoit
résolu de mourir dans un pays qu'il avoit sauvé
tant de fois, et il s'endormit profondément.
Ses esclaves, avertis que des soldats parcourent

le pays, l'éveillent en hâte, et l'engagent à se faire porter vers le vaisseau par des chemins détournés. A peine est-il parti, que des satellites arrivent dans sa maison ; ils suivent ses traces, et atteignent la litière dans un bois ; leur chef étoit Popilius Lænas, que Cicéron avoit défendu dans une cause capitale. Les domestiques de Cicéron se rangent autour de leur maître pour le défendre, mais il leur ordonne de poser les armes, et avançant sa tête hors de la portière, il commande aux soldats d'exécuter l'ordre qui leur avoit été donné. On lui coupe la tête et les mains ; Popilius se hâte de porter ces sanglans trophées à Antoine, qu'il trouve dans le forum, entouré de ses gardes et d'une nombreuse populace. Antoine les fait placer sur la tribune ; affreux spectacle pour le peuple de Rome, qui se souvenoit que ces membres mutilés, exposés aux outrages des traîtres, avoient appartenu à cet homme qui avoit parlé tant de fois et avec tant de gloire dans ce même lieu pour la république. *Hist. de la vie de Cicéron, Liv. XI.*

A peu de distance de Mola, on passe le Garigliano sur un pont de bateaux ; on arrive ensuite à Capoue, qui n'est pas Capoue où Annibal laissa amollir son armée : peu d'heures après, on atteint Naples.

11

CHAPITRE VII.

RÉVOLUTION DE NAPLES.

Nous étions arrivés à Naples avec le projet d'y passer quinze jours et de retourner à Rome ; les courses dans les environs nous retinrent plus long-temps. Bientôt le théâtre de la guerre qui avoit éclaté en Italie se rapprocha ; les communications devinrent difficiles ; enfin nous nous vîmes enfermés dans la ville et contraints d'attendre la fin de la révolution. Sept semaines après notre arrivée, elle étoit terminée. La maison de Bourbon, exilée de Naples depuis neuf ans, étoit remontée sur le trône ; la famille qui avoit occupé sa place étoit proscrite et fugitive. Pour rendre compte d'un changement de fortune si prompt et si frappant, je transcrirai quelques morceaux des lettres que j'écrivis de Naples ; cet espèce de journal présentera, je crois, plus d'intérêt qu'une simple narration.

Naples, 16 *avril* 1815.

Nous voici, chers amis, depuis quelques jours, dans cette ville située à l'extrémité de l'Europe, si frappante par les mœurs de ses habitans et par la beauté de sa position. Elle est bâtie au fond d'un golfe immense, formé par les coteaux de Pausilippe et par ceux de Sorrente. Le Vésuve s'élève à la gauche de Naples, et les fumées du volcan sont le plus souvent les seuls nuages qui ternissent un ciel si pur. Une nombreuse population couvre ces rivages : des pêcheurs dorment sur la grève à côté de leurs filets; des enfans demi-nus jouent au soleil. Ici la vie est facile, et le peuple, auquel un léger travail suffit pour obtenir sa subsistance, semble né pour le plaisir et le repos. Dès le matin il entoure les tréteaux des bateleurs et des joueurs d'instrumens. Des jeunes gens robustes jouent aux cartes et aux dés dans les places; des cabriolets dorés parcourent rapidement les rues pavées de larges laves, et transportent au galop, à Portici, à Resina, dans toutes les villes de la côte, les familles qui s'entassent dans ces légères voitures. Cependant cette population oisive qui ne pense jamais au lendemain, s'agite, crie, gesticule avec feu. On la croiroit occupée des intérêts les plus importans. Bientôt elle oublie le sujet de tant de mouvement, et se tait.

Nous sommes montés à l'ancien couvent des

chartreux qui domine la ville. Chaque cri des
habitans de Naples parvient dans ce lieu tranquille, et forme un bourdonnement continuel.
Un homme qui n'est pas accoutumé à ce tumulte, pourroit croire la ville en proie à une
violente sédition; mais les intérêts seuls de la
vie ordinaire font naître toute cette agitation.
Les moines ont été remplacés dans le couvent
par de vieux soldats qui y sont entretenus aux
frais du gouvernement : le plus grand nombre
sont aveugles, et la riante vue que l'on découvre
de leur demeure, est perdue pour eux. On les
estime heureux de pouvoir mourir ici en paix ;
mais tous ces hommes qui n'ont plus d'intérêt
dans la vie et qui n'intéressent personne, seroient
pères de famille, jouiroient d'une santé vigoureuse, s'ils n'avoient pas suivi la carrière des
armes. Le souvenir de ce qu'ils ont fait, le
plaisir de s'entretenir sans cesse de leurs anciennes guerres, peuvent-ils remplacer les
affections qui font le bonheur de la vie, et qui
doivent être si nécessaires à son déclin? Nous les
avons vus à table. Dans les rangs étoit un enfant
qui avoit perdu l'usage d'une jambe : être inva-
lide à quinze ans !..... La guerre, cause de
tous ces maux, va éclater plus violente que
jamais. Le roi est en avant avec une armée

brillante ; il marche sans rencontrer de grands obstacles. On ne sait que penser ici de cette détermination si brusque et si étonnante. On en attend le résultat pour la juger et pour déclarer qu'elle étoit ou inconsidérée, ou hardiment conçue.

Murat, pour augmenter son parti, proclame des idées libérales ; il promet à l'Italie l'indépendance ; mais cette indépendance, dont la pensée seule fait palpiter le cœur des Italiens, pourra-t-elle jamais être autre chose qu'un appât mis en avant par des ambitieux, ou les rêves d'une imagination exaltée ? L'Italie est composée de nations séparées depuis des siècles, de mœurs, d'affections, d'intérêts opposés. Aujourd'hui chaque grande ville, qui est une capitale, consentiroit-elle à céder ses honneurs et sa gloire à une rivale ? Cette belle contrée courbée sous tant de jougs différens, semble n'être plus que l'apanage des maisons souveraines au-delà des Alpes, qui viennent sur son sol répandre le sang de leurs sujets.

La cour de Naples a été fort brillante cet hiver. Les étrangers y ont été admis facilement, les Anglois y étoient fêtés ; les bals, les parties de chasse se sont succédés. La maison du roi est splendide. Il s'entoure d'officiers de la couronne qui reçoivent des traitemens considérables, et qui étalent beaucoup de luxe. Il a un grand nombre de ministres; il entretient une armée nombreuse. Pourra-t-il se soutenir long-temps sur ce pied? Le peuple, accablé d'impôts, regrette Ferdinand et parle de son règne comme de l'âge d'or. Nous avons assisté à une représentation *par ordre*, dans le théâtre St. Charles. La salle étoit brillamment illuminée. La reine, entourée de ses enfans, étoit en grande loge. Elle étoit accompagnée de son frère Jérôme et de sa mère, qui sont arrivés ici je ne sais comment, et je ne sais d'où. Les plus grands seigneurs de Naples, décorés de l'uniforme de chambellans et d'écuyers sont restés debout derrière eux tout le temps de la représentation. Le roi, a dit-on, de grands succès. Les événemens désastreux de la France affermissent les souverains actuels de ce pays sur leur trône. La fortune sourit à cette famille : elle paroît triomphante et comblée de joie.

4 *Mai.*

Il y a quelques jours que Murat étoit maître de Florence, de Bologne, de Parme, de Reggio, de Modène; il menaçoit la ligne du Pô. Les ducs de Toscane et de Modène avoient

quitté leur capitale ; l'armée autrichienne, qui
n'étoit pas en force, se retiroit ; la proclamation du roi, du 30 mars, datée de Rimini avoit
fait une grande sensation ; il y annonçoit enfin
ses projets. Un seul cri, disoit-il, devoit se
faire entendre des Alpes au détroit de Scylla :
l'indépendance de l'Italie. Il ne s'adressoit
pas seulement aux militaires, qu'il invitoit à se
réunir à lui, il échauffoit l'imagination des lé-
gistes, des politiques, des hommes à projets,
en leur demandant une constitution. A Bologne,
l'effervescence étoit extrême. Un nouveau gouvernement y avoit été établi. L'université se
levoit en masse et demandoit des armes. Que
de gens vont être compromis pour avoir ajouté
foi à des promesses qui ne paroissent pas devoir
se réaliser ! Murat a été battu à Occhio-Bello,
et contraint de se retirer devant une armée
considérable d'Autrichiens, sous les ordres du
général Frimont. On le dit à Ancône, où il
prend de fortes positions. On compte peu sur
les troupes napolitaines qui se battent mal ;
on ne fonde de l'espoir que sur les étrangers,
qui sont en petit nombre. Du reste, on ne
reçoit presque point ici de nouvelles de l'armée.
Le gouvernement met tous ses soins à ce que
l'on n'en sache rien, et ce silence forcé aug-

mente l'inquiétude. Le Moniteur des Deux-Siciles ne parle plus des opérations militaires, le plus souvent il se contente de dire : *Nous avons la consolation d'apprendre que la santé du roi est excellente.* Le reste de la feuille est rempli d'anciens détails sur les affaires de France, de quelques adresses des communes dont on exige des dons volontaires, et de longues dissertations sur l'amour de la patrie.

Tandis que le nord de l'Italie est en feu, tout ici est calme et tranquille ; mais il est probable que l'incendie parviendra jusqu'à nous. Une circonstance donne quelques inquiétudes : on a vu il y a peu de jours à l'horizon, deux vaisseaux anglois, et des frégates. Ces vaisseaux restent à la distance de trois ou quatre lieues en mer. Le gouvernement leur a fait demander quels étoient leurs projets : on ne connoît pas leur réponse. On forme bien des conjectures : la plus probable est qu'ils viennent observer et qu'ils sont prêts à former le blocus du port, lorsqu'ils en recevront l'ordre. Murat, dans son manifeste, avoit laissé entendre que l'Angleterre étoit disposée à soutenir sa cause : on voit combien peu on doit ajouter foi à ses insinuations.

La frégate françoise la Melpomène, qui ve-

noit chercher à Naples la famille de Napoléon,
a été prise par le vaisseau anglois le Rivoli.
La frégate portoit les couleurs tricolores ; elle
a amené son pavillon après vingt-cinq minutes
de combat. Son équipage a beaucoup souffert.
La mère de Bonaparte, Jérôme et le cardinal
Fesch, devoient s'embarquer pour la France
sur le brick de Napoléon, qui, du golfe de
Juan, est venu mouiller ici. Il est probable
qu'ils ne pourront partir. On dit cependant que
la croisière angloise ne s'oppose pas à la sortie
des bâtimens. Plusieurs étrangers qui craignent
une catastrophe, s'embarquent pour Marseille,
d'autres pour la Sicile : nous partons demain
pour Pæstum.

11 *Mai.*

NOUS voici bloqués par terre et par mer,
et devenus étrangers à tous les grands événemens qui vont se passer autour de vous,
chers amis. Dans ce moment, où quelques
jours suffisent pour opérer de grands bouleversemens, peut-on, sans une vive inquiétude, être privé de nouvelles sur un pays
aussi rapproché que le nôtre du théâtre de la
guerre qui va commencer, et aussi intéressé
dans cette lutte ? On dit que le commandant
de la croisière angloise a annoncé qu'il res-

pecteroit le pavillon tricolore , et que la frégate françoise sera rendue , comme n'ayant
pas été légitimement prise. Ainsi donc la guerre
avec Napoléon n'est pas déclarée ; qu'est-ce
que cela annonce ? Ce n'est que de la France
que la cour de ce pays peut espérer son salut.
Le parti de Murat est bien malade. On s'efforce de ranimer l'esprit public. Il y a quelques jours que l'on tira le canon pour célébrer
un avantage remporté sur le général Frimont,
la prise de plusieurs pièces d'artillerie , et de
quelques milliers de prisonniers. Le Moniteur
en annonçant cette victoire, se réservoit d'en
donner dans la suite de plus grands détails. Il
n'en a plus parlé, et l'on dit que de grands
revers, ont suivi quelques succès remportés le
deux et le trois. Les actions ont eu lieu à
Tolentino et à Macerata , dans la marche
d'Ancône. Murat, forcé à une retraite préci-
pitée , est rentré dans le royaume de Naples
vivement poursuivi par le général Bianchi.

Le général Belliard est arrivé ici en qualité
d'ambassadeur de Buonaparte ; il a débarqué
dans une des îles , malgré le feu de la croisière angloise; nous descendions le Vésuve lorsque nous avons vu les deux bricks françois
qui sont ici , sortir du port à pleines voiles

pour protéger l'entrée du général à Naples ;
on a saisi ce moment pour répandre des nouvelles qui ne paroissent pas croyables, mais
qui cependant ont produit quelque sensation
et que personne ne peut démentir, puisque
les communications avec la France sont interrompues ; Napoléon, dit-on, après avoir
gagné une bataille en Allemagne, s'avance à
grandes journées sur Vienne, tandis que des
corps de troupes françoises descendent en Italie
pour prendre en queue les Autrichiens, qui
se trouveront entre deux ennemis : la crainte
qu'ont plusieurs personnes de voir Naples le
théâtre de la guerre, leur fait ajouter foi à
tout ce qui peut les tirer du danger ; Murat
auroit besoin de ce secours inattendu pour
sortir de l'état dans lequel sa précipitation
et son imprudence l'ont jeté. On dit que le
jour même où il émettoit sa proclamation, le
congrés de Vienne prenoit une détermination
en sa faveur et lui assuroit sa couronne ; il
étoit trop tard lorsqu'il en reçut la communication ; la fortune lui souriôit, il voulut
pousser ses succès ; depuis, il a cherché à revenir sur ce qu'il avoit fait, il a demandé un
armistice, mais en vain ; quelques personnes
annoncent qu'il est entre Fondi et Terracine ;

d'autres qu'on l'attend à Naples avec les débris de son armée ; la reine, qui est régente, maintient la tranquillité et conserve une attitude calme au milieu de si grands sujets d'inquiétude ; toutes les troupes réglées quittent la capitale ; on en voit partir chaque jour des convois d'artillerie et de munitions ; on approvisionne Gaëte.

13 *Mai.*

LES communications sont absolument interrompues, il seroit inutile, chers amis, de chercher à vous faire parvenir des lettres ; pour me faire illusion sur cette privation, je vais commencer un journal que je vous enverrai quand je le pourrai, et qui vous donnera une idée de ce qui se passe ici ; la catastrophe approche, l'armée du roi seconde mal son courage, elle fuit et se débande, il n'ose plus la mettre aux mains avec les Autrichiens ; tandis qu'il s'efforce de la réunir, de l'encourager, de prendre de bonnes positions et d'arrêter la marche rapide des ennemis, ses affaires sont ici en très-mauvais état ; la croisière angloise qui s'est peu-à-peu rapprochée est maintenant devant la ville, elle demande impérieusement la reddition des forts

et des deux vaisseaux napolitains le Joachim
et le Capri ; mais peut-on rendre deux vaisseaux , des forts armés , garnis de batteries à
fleur d'eau , une ville entière , à un seul
vaisseau de ligne et à deux frégates , car la
flotte du Commodore Campbell n'est pas plus
considérable ; depuis deux jours on s'attend
à chaque instant à être attaqué , et chaque
soir on pense qu'on sera réveillé dans la nuit
par le bruit de l'artillerie ; ce que l'on craint
bien plus que quelques bombes , c'est l'agitation du peuple : aux premiers coups de canon,
on verra , dit-on , une foule de Lazaronis
sortir de leurs demeures , se répandre dans les
rues, et sur le port en poussant des hurlemens,
et choisir ce moment pour se livrer au désordre ; le souvenir des excès que la populace
a commis dans la dernière révolution glace
d'effroi tous les habitans aisés de la capitale ;
chacun tremble pour sa famille et pour ses
propriétés ; les négocians cherchent tous les
moyens de mettre leurs caisses en sûreté, ils
se fortifient dans leurs maisons , y font des
amas de sabres , de fusils, de tromblons ; ils
rassemblent leurs amis et leurs voisins , ils en
composent une garnison qui est instruite des
endroits foibles , et des ressources de la place ,

et qui se prépare à soutenir un siége; ce siége ne peut être long, parce qu'il suffit de montrer de la résolution et d'opposer quelque résistance à cette vile populace, pour l'effrayer.

Nous arrivons du port, nous avons été en bateau de la jetée à la villa Réale; les bâtimens anglois se sont extrêmement rapprochés ce soir; ils croisent devant la ville, allant et venant dans une attitude fière et menaçante. Rien n'est plus majestueux et plus élégant qu'un vaisseau avec toutes ses voiles, c'est l'image de la force et de la légèreté ; les peuples sauvages , en les voyant pour la première fois, durent les croire les divinités de la mer. Le Tremendous s'est tellement approché , et a pris une position si menaçante, que nous avons cru qu'il alloit commencer le feu; nous nous sommes hâtés de débarquer ; qu'arrivera-t-il cette nuit? Ce qu'il y a d'étonnant, c'est que Naples est remplie de familles angloises, dont plusieurs fort marquantes.

15 *mai.*

Les bâtimens anglois sont depuis hier à l'ancre , dans une position très-pacifique; une convention a été signée au moment où le commandant alloit commencer les hostilités; on dit qu'on lui remettra les vaisseaux, les forts, et que la reine sera transportée en France. Cependant les Anglois ne débarquent point encore ; le commandant a déclaré qu'il recevroit sur son bord tous ceux qui s'y présenteroient. Nous sommes montés sur le Tremendous ; il étoit entouré de bateaux napolitains qui y portoient des fruits et des herbes ; le vaisseau étoit rempli de prêtres qui examinoient tout avec une grande attention : l'extrême propreté, l'ordre, la discipline qui règnent sur un vaisseau anglois, excitent toujours une nouvelle admiration.

La reine a reçu ce matin les officiers de la flotte. Ce soir, nous l'avons vue sortir de son palais ; elle étoit dans une calèche attelée de six chevaux blancs ; sa contenance étoit ferme ; elle saluoit gracieusement à droite et à gauche ; elle étoit suivie des cavaliers de la garde nationale, dont l'uniforme de hussards, bleu et argent, est très-brillant. En perdant sa puissance, la reine s'est fait remarquer par son affabilité et les grâces de ses manières ; elle aimoit les arts et protégeoit les artistes ; aujourd'hui, elle déploie un grand caractère ; elle a envoyé ses enfans à Gaëte, elle est restée seule, sans troupes de ligne, dans une ville, où il est si facile d'exciter de sanglantes révolutions. Naples lui doit le

calme dont elle a joui, jusqu'à présent. La reine
a donné une nouvelle existence à la garde nationale ; elle l'a passée en revue, il y a quelques jours ; elle étoit à cheval, en uniforme
aux couleurs de sa garde ; elle a dit un mot
aimable à chaque officier, a rassuré tout le
monde, et a excité des acclamations univer-
selles. Il est impossible de ne pas s'intéresser
au sort d'une femme belle et malheureuse.

18 *mai.*

LE roi est à Caserte, maison de plaisance à
quelques lieues de la ville, où il fait des proclamations pour rallier l'armée, mais il n'a plus d'armée ; ses soldats sont dispersés dans les Abruzzes,
dans la terre de Labour et dans la Pouille ; Murat
s'entoure de ses ministres : il prend conseil, il
cherche quelques moyens d'éloigner sa ruine : où
pourra-t-il les trouver ? ses malheurs sont au
comble. Voilà donc le résultat de cette brillante
expédition qui devoit le rendre maître de toute
l'Italie, expédition si témérairement concertée !
Il y a six semaines qu'il étoit triomphant et qu'il
faisoit paroître sa déclaration. On voit encore
dans la ville, des mouvemens militaires ; des
trains d'artillerie, des caissons sortent des forts
et se dirigent vers Capoue ; d'un autre côté, la

ville se remplit de fuyards, de corps de troupes qui rentrent, d'officiers qui quittent l'armée ; chacun dans ce moment fait ce que bon lui semble ; il n'y a plus ni ordre, ni discipline ; on est dans une grande inquiétude : ce ne sont point les Autrichiens et les Anglois que l'on redoute, on les attend comme des protecteurs ; c'est la basse population de Naples qui est le véritable ennemi, c'est contre elle que l'on se fortifie ; on cherche à en imposer aux Lazaronis, on les persécute même, par mesure de précaution. Une nouvelle garde de sureté vient d'être formée ; elle est composée en grande partie de négocians, dont plusieurs sont étrangers ; elle occupe de certains postes, pose des factionnaires, fait des patrouilles, et seconde l'ancienne garde nationale, qui s'acquitte de ses fonctions avec beaucoup de vigilance et de zèle : il résulte de cette multiplication de sentinelles, de corps-de-garde, de rondes, que la nuit on ne peut faire quelques pas hors des rues et des places principales, sans être arrêté, sans entendre de partout crier : *qui vive ?* sans être forcé de se détourner ; il faut être prompt à répondre et à obéir.

De notre appartement, le soir, on entend quelquefois un coup de fusil, qui est suivi de

plusieurs autres, puis un grand tumulte ; on
sort sur le balcon, on demande ce que c'est ;
chacun parle, chacun crie ; on apprend enfin
qu'un factionnaire a vu un homme qui se glissoit le long des maisons, il n'en a point obtenu de réponse, il a tiré son coup, tout le
corps-de-garde est sorti et a fait feu, mais le
drôle étoit déjà bien loin ; là-dessus on raisonne ;
la sentinelle, qui ne veut pas avoir donné une
alerte mal-à-propos, affirme que cet homme étoit
de très-mauvaise mine et ne pouvoit avoir que
des intentions suspectes ; d'autres appuient son
rapport, et assurent qu'il y avoit un complot
formé ; qu'une masse de Lazaronis devoit, le
soir même, surprendre le corps-de-garde,
égorger tous ceux qui s'y trouveroient, s'emparer des armes : que n'auroient-ils pas fait si
on n'avoit pas déjoué leur projet ? Peut-être
cependant cet individu qui a causé un si grand
mouvement, n'étoit qu'une ombre, un chien,
un homme timide que la frayeur a fait fuir.

Tout ne se passe pourtant pas d'une manière
aussi pacifique ; il n'y a presque pas de nuit
que quelques-uns de ces malheureux Lazaronis
ne soient tués ; on ne leur permet pas de sortir
le soir, et dès qu'on en voit trois ou quatre rassemblés, on leur suppose de mauvais desseins,

on les attaque ; quelquefois ils se défendent et blessent leurs assaillans. Les scènes désastreuses qui ont eu lieu dans les changemens de gouvernement à Naples, légitiment cet excès de défiance : dans ce moment-ci, les prisonniers détenus à la Vicairie, au nombre de plusieurs milliers, avoient formé un complot qui s'étendoit dans les autres prisons ; ils devoient égorger leurs gardiens et se répandre dans la ville ; leur projet a été déjoué, on a pris des mesures de rigueur, lorsqu'ils étoient déjà en pleine insurrection ; on a placé de l'artillerie contre les prisons, et on a tiré à mitraille ; plusieurs de ces malheureux ont été tués ou blessés : quels désordres ne devoit-on pas attendre de ces hommes aigris par une longue détention, enhardis par la souffrance, le crime et le désespoir ; dont plusieurs étoient peut-être sous le poids d'une accusation capitale ! Les habitans ont frémi en apprenant le danger auquel ils ont échappé. En visitant le palais de Justice, nous avions vu ces prisonniers sortir leurs mains à travers les barreaux du cachot où ils étoient entassés ; demander l'aumône aux passans ; ces hommes à demi-nus, la barbe longue, le visage pâle, avoient une expression de férocité ; leurs femmes, leurs enfans, ve-

noient librement du dehors, converser avec
eux : il leur étoit facile d'entretenir ainsi une
communication avec la ville et les autres prisonniers.

Pour faire diversion à ces idées pénibles,
nous sommes allés au couvent des Camaldules,
situé sur une hauteur à deux lieues de la ville ;
le chemin qui y conduit serpente dans des
terrains cultivés, et atteint ensuite des bois : la
situation du couvent est peut-être la plus belle
qu'il y ait en Europe. On découvre la partie
septentrionale du royaume de Naples jusqu'à
Gaëte, on voit d'un côté les rivages de Pouzzoles, de Baies, ces lieux que Virgile a décrits dans son sixième livre, le lac d'Averne,
le promontoire élevé de Misène, les îles d'Ischia,
de Procida, et le petit rocher de Nisida, plus
rapproché du rivage ; de l'autre, la ville au fond
du golfe, l'île de Capri, les rivages de Portici,
le Vésuve fumant ; un pays couvert d'arbres,
coupé de sentiers, orné d'habitations dont le
toit aplati forme une terrasse.

Les religieux de l'ordre des Camaldules vivent séparés les uns des autres ; chacun d'eux
possède un enclos qui renferme un petit jardin
et une habitation, composée d'une chapelle
et d'une cellule : la réunion de ces petites

maisons forme une sorte de village, au milieu
duquel s'élève une belle église et le couvent.
Dans ces lieux, tout est grave et tranquille;
on n'y entend pas de bruit, il y règne peu
d'activité; un jardin occupe la portion de l'enclos qui domine sur tout le pays. En voyant
les religieux, en longues robes noires, traverser d'un pas grave ces rues solitaires et ces
sentiers ornés de fleurs, je me rappelois ces
ombres silencieuses que les poètes placent
dans les Champs Elysées. A l'extrémité de la
terrasse, dans le lieu où la vue est la plus
étendue, est placé un grand banc de pierre
de forme circulaire, ombragé de beaux chênes
verds; là, les religieux peuvent se livrer aux
méditations qu'un si brillant amphithéâtre doit
leur inspirer et auxquelles leur genre de vie
contemplative les ramène sans cesse; ils voient
le Vésuve lancer d'épaisses fumées, vomir des
flammes, couvrir ses bases de feu; la mer
tantôt agitée menacer les navigateurs, tantôt
calme et tranquille, sillonnée par les bâtimens
qui glissent sur sa surface : à l'abri de la fureur
des élémens, insensibles à la joie et à la crainte,
ils continuent leur monotone carrière que les
orages et les beaux jours ne changent point; ils
voient à leurs pieds les princes se disputer cette

belle contrée; ils ont entendu le bruit de l'artillerie qui annonçoit l'arrivée de Murat sur le
trône; ils entendront les coups qui célébreront
son départ et le retour de l'ancienne dynastie.

A notre retour, nous avons vu les habitans
des villages se livrer à la joie; c'étoit un jour
de fête: les jeunes gens dansoient au son du
tambour de basque; les gens riches sont dans
l'inquiétude; ceux qui n'ont rien à perdre atten-
dent tranquillement le retour de Ferdinand, et
l'annoncent ouvertement; les nombreux trétaux
de Naples sont toujours entourés de la foule;
Polichinelle continue à haranguer; les représentations des marionnettes sont suivies, les grands
théâtres sont déserts.

Nous allons souvent le soir respirer le vent
de mer sur la jetée du port, qui, à cette
heure, est remplie de promeneurs; un vieillard
assis sur le bord de la mer, récite des stances
du Tasse et de l'Arioste à la foule qui forme
un cercle autour de lui; on voit dans le lointain
sortir des vapeurs des eaux, les rivages de Sorrente, patrie du célèbre et malheureux poète
dont les vers charment encore le peuple de
Naples; les murailles blanches du couvent des
Chartreux qui domine la ville, se détachent sur
un ciel d'azur, brillant d'étoiles; les vagues qui

viennent mourir contre les rivages, le bruit des
bateaux qui abordent, les préparatifs de la nuit
sur les bâtimens de toutes les nations qui remplissent le port, la lampe qui éclaire le souper
des mariniers, ces différentes scènes, ce coup-
d'œil si imposant, nous retiennent long-temps
dans ces lieux.

20 *mai.*

Il a paru une proclamation de Murat, dans
laquelle il se plaint des bruits alarmans que l'on
se plaît à répandre ; il cherche à rassurer les
esprits, il prend l'engagement de ne point exposer sa capitale aux dangers de la guerre : si
le sort lui devenoit contraire, ce seroit lui seul,
et non son peuple, qui en seroit la victime.
Malgré le ton de tranquillité qu'il s'efforce de
prendre, bien des gens ont cru voir un adieu
dans cette proclamation ; on a été fort étonné,
le lendemain, de voir affichée une constitution en plusieurs centaines d'articles, que Murat
donnoit à son peuple ; il l'avoit promise depuis
long-temps : voilà le moment qu'il choisit pour
la présenter. Les ministres vont et reviennent
journellement de Caserte aux avant-postes ; il
paroît qu'on négocie ; il est temps de décider
quelque chose pour Naples. Le ministre des

finances a rassemblé les négocians et a exigé
d'eux une contribution, le trésor étant absolument vide. Le peuple, vivement pressé d'ac-
quitter les impôts, ne se hâte guère.

Un corps de troupes milanoises s'est retiré
ici ; ces malheureux se trouvent dans une position très-fâcheuse ; ils ont été forcés par les
circonstances, à prendre les armes contre leur
souverain l'empereur d'Autriche, qui, dans ce
moment de tumulte, s'occupera d'eux? Pourra-
t-on obtenir leur pardon? où leur fournir un
bâtiment pour s'embarquer? Nous nous sommes
entretenus avec un sous-officier de ce corps,
qui portoit le bras en écharpe ; il nous a donné
quelques détails sur les combats dans lesquels
il s'est trouvé ; il parle avec indignation de la
conduite des troupes napolitaines, il frémissoit
d'avoir été associé à elles. La brillante et téméraire valeur de Murat n'a rien pu sur ces
troupes, qui, du reste, manquoient de tout
dans leur retraite, et qui ne prenoient aucun
intérêt à la cause qu'elles défendoient.

On croit que l'armée autrichienne est prête
à passer le Volturno, seule ligne qui puisse
arrêter sa marche sur Naples.

21 *mai*.

Les beaux jours de la famille de Murat sont
finis ; elle a quitté en fugitive ce pays sur lequel elle a régné six ans ; son pavillon a été
enlevé du palais , le peuple se décore avec enthousiasme de la cocarde rouge , couleur des
Bourbons ; le nom de Ferdinand est répété
partout. Le 19 au soir, Joachim rentra dans
la ville, escorté de dragons ; il fut reconnu par
le peuple , et quelques Lazaronis le suivirent
en le saluant de leurs acclamations ; il descendit
au palais et se rendit auprès de la reine ; il l'avoit
quittée il y avoit deux mois; il devoit alors se
rendre maître de toute l'Italie , jamais sa cour
n'avoit été si brillante ; aujourd'hui ils alloient
se séparer ; Murat n'a pas même été nommé
dans la convention conclue entre les généraux
allemands et napolitains; il cherchera à gagner
la France ; mais comment se présentera-t-il ,
vaincu et dépouillé , devant Bonaparte , dont il
avoit abandonné la cause? Quelle a dû être la
conversation des deux époux dans cette entrevue ? Que de regrets ! que de reproches peut-
être ! Joachim s'est embarqué secrètement sur
la côte vis-à-vis de Nisida. Caroline est restée
à Naples : aujourd'hui on a lu une proclama-

tion qui annonçoit qu'elle abandonnoit le titre
de régente, et qu'elle quittoit la ville : elle s'est
embarquée à bord du Tremendous. La flotte
angloise de la Méditerranée sous les ordres de
lord Exmouth, composée de quatre vaisseaux
de ligne et d'une frégate, est entrée ce matin
dans le port ; elle a été saluée de plusieurs
coups de canon ; en même temps, des corps
d'infanterie angloise ont débarqué dans la ville
pour prendre possession des forts ; ils ont
été accueillis par les applaudissemens de la
populace qui les suivoit en foule : ce moment
a été le signal du désordre ; on a vu d'abord
paroître quelques cocardes rouges ; elles ont été
bientôt portées par la ville entière ; des étrangers
ont été arrêtés, forcés de descendre de voiture
pour s'en décorer. Du palais Lieti où nous de-
meurons, au milieu de la rue de Tolède, nous
voyons toute l'effervescence du peuple ; dans
ce moment où l'on ne sait à quelle autorité on
est soumis, chacun se livre à la fougue de ses
passions, sans craindre d'être réprimé : ici un
officier attaché à la cause de Murat, accable de
coups de sabre un pauvre Lazaroni, orné de la
cocarde des Bourbons ; un autre officier, poussé
par un sentiment contraire, arrête tous les individus décorés de la médaille d'honneur, tant

prodiguée par Joachim : nous l'avons vu s'opposer seul au passage de cinq cavaliers, et ne
leur permettre de continuer leur marche qu'a-
près leur avoir arraché le ruban, aux acclamations de la populace qui le suit ; cependant,
nous apprenons qu'à quelques centaines de pas
de notre demeure, un officier de la garde nationale, irrité de son audace, lui a balafré le
visage à coups de sabre ; le peuple entoure son
protégé, et le porte tout sanglant au palais du
commandant anglois, qui répond qu'il a reçu
une juste punition, et le laisse entre les bras
de ses amis.

De pareils désordres peuvent s'accroître et
devenir dangereux ; quelques détachemens de
troupes rentrées dans Naples parcourent les
rues à pied et à cheval ; la garde nationale les
seconde ; partout on déclare la guerre aux
Lazaronis, on les poursuit, et des grêles de
coups de plat de sabre et de bâton, les font
rentrer dans leurs demeures. Pourra-t-on les
contenir long-temps ? On attend avec impatience les troupes autrichiennes, elles ne devoient faire leur entrée qu'après-demain ; on
envoie des courriers pour hâter leur marche.

22 mai.

Nous n'avons pas d'idée, dans nos contrées au-delà des Alpes, des transports auxquels peuvent se porter les peuples du midi ; nous avons vu aujourd'hui le Napolitain ivre de joie, faire éclater ses sentimens avec une violence qui n'a point de bornes. Ce matin, de bonne heure, quelques corps de cavalerie allemande sont arrivés : on a reçu les proclamations de Ferdinand et de Léopold son second fils, toutes les deux dictées par un sentiment paternel. On a appris que l'armée arriveroit à Naples dans la journée, et que Léopold feroit son entrée avec elle : la rue de Tolède s'est remplie, les toits, les balcons étoient couverts de femmes, d'ecclésiastiques ; les fenêtres étoient ornées de tapis de couleurs vives qui flottoient dans l'air ; c'étoit chez le peuple que la joie éclatoit avec le plus de violence ; il a conservé pour la personne de son roi une affection que l'absence et le temps n'ont point détruite ; la populace des environs s'est jointe à celle de la ville pour accompagner l'armée et pour honorer son entrée ; nous avons bientôt vu une foule immense qui descendoit du haut de la rue de Tolède, et ensuite, briller les armes et les étendards. Les

Lazaronis, à peine vêtus, se précipitoient au-
devant des corps de troupes, criant, sautant ;
ils précédoient à la course les voitures des officiers, portant des branches d'arbres ornées de
rubans rouges ; des foules de femmes et d'enfans augmentoient le désordre ; des jeunes filles
dansoient la tarentele et jouoient des casta-
gnettes. Un sentiment si vif pour un prince
éloigné depuis long-temps, a quelque chose
de touchant. Dans cette foule, cependant, combien d'hommes se laissoient aller à ces transports, sans en savoir le motif, ou chez lesquels
l'espoir du trouble et du pillage, augmentoit
la joie de revoir leur souverain !

Enfin ces vainqueurs, attendus avec tant
d'impatience, annoncés avec tant d'enthousiasme, ont paru. Les pauvres Lazaronis, voulant fêter l'entrée de ceux qui leur ramenoient
leur roi, suivoient les corps en portant de
grands sceaux d'eau, s'introduisant dans les
rangs, pour remplir la gourde des soldats, at-
tentifs à deviner leurs désirs, trop heureux de
la préférence qu'ils vouloient bien leur accorder.
L'ivresse de la nation Napolitaine contrastoit
avec la démarche calme des soldats autrichiens,
qui, accablés de fatigue et de chaleur, couverts
de poussière, ne répondoient point à l'enthou-

siasme qu'ils faisoient naître, et paroissoient ne
tirer aucune vanité des acclamations qui s'élevoient sur leur passage. Les corps de cavalerie
et d'infanterie ont défilé pendant deux heures;
au centre a paru le prince Léopold, accompagné du général Bianchi et de lord Burghess,
ambassadeur de Londres en Toscane : à sa vue
les cris ont redoublé ; les femmes agitoient
leurs mouchoirs et accabloient le prince de
feuilles de roses et de couronnes.

Après le passage de l'armée, l'agitation des
habitans, les nombreuses patrouilles, les corps
de cavalerie et d'infanterie allemande, qui revenoient sur leurs pas pour se rendre dans leurs
quartiers, qui se croisoient et se barroient le
passage, ont long-temps entretenu le tumulte.

Ce soir, par une belle lune, nous sommes
allés sur le port, nous avons pris un bateau,
et nous nous sommes glissés au milieu de la
flotte ; de petits bâtimens sillonnoient les eaux
et disparoissoient à côté de l'énorme masse des
vaisseaux anglois : nous avons passé devant le
Tremendous; la malheureuse Caroline y est encore, son départ est retardé; de sa prison elle
a entendu les coups de canon qui ont célébré
l'entrée du maître qui vient se replacer sur le
trône qu'elle a occupé ; elle a entendu les cris,

lès transports de ce peuple qui l'avoit souvent
applaudie elle-même; le soir, elle a vu Naples
illuminée, et les feux répétés dans toutes les
villes de la côte; elle a vu livrée à la joie cette
ville où elle n'est plus rien : le jour de son départ est un jour de fête. A combien d'illusions il
faut renoncer en descendant du trône! Le diadême est un bandeau qui en tombant dévoile
bien d'amères vérités.

Il est plus de minuit, je pose souvent la
plume en vous écrivant ceci, mes chers amis,
pour aller sur le balcon qui domine la rue de
Tolède : les cris cessent peu-à-peu, les flambeaux s'éteignent, les boutiques et les cafés se
ferment, le peuple se retire, on n'entend plus
le bruit des voitures et les pas des chevaux ;
les Lazarouis, plongés dans le sommeil, oublient leurs transports, les vainqueurs et les
mécontens reposent ; la garde nationale veille,
et ses détachemens parcourent en silence les
rues. Dans peu, ces lieux, il y a quelques
heures le théâtre d'une si grande agitation, seront déserts : ce jour mémorable a vu tomber
du faîte une famille que le hasard avoit sortie
de l'obscurité, mais qui, pendant plusieurs
années, avoit obtenu une place parmi les souverains de l'Europe; il ne lui reste plus que le

souvenir de sa passagère grandeur. Demain le Napolitain, en se réveillant, se trouvera soumis à un gouvernement différent de celui de la veille : dans peu de jours, il oubliera qu'il en avoit changé.

23 mai.

Ce matin on nous réveille brusquement, on nous dit qu'une flotte considérable paroît à l'horizon, qu'elle vient de Sicile, et porte Ferdinand à Naples ; nous descendons à Sainte-Lucie, nous montons en bateau : ce n'étoit pas le roi, mais un convoi de troupes anglo-siciliennes. Quel spectacle ! quarante vaisseaux se dessinent dans le lointain, ils s'approchent, et déploient toutes leurs voiles, en courant différentes bordées ; nous nous trouvons bientôt au milieu de la flotte ; l'ombre des voiles passe sur nos têtes comme un nuage qui glisse et disparoît ; des bateaux remplis de pêcheurs et de leurs femmes, se jouent entre les vaisseaux, dont la marche est lente et régulière. Les Napolitains demandent leur roi, on leur répond qu'ils l'auront dans peu ; ils poussent de grands cris de joie ; la flotte entre dans le port, elle est saluée par les vaisseaux à l'ancre.

Les Autrichiens établissent une police sévère

à Naples; on ne cesse d'exhorter le peuple à
la tranquillité : on veut réorganiser l'armée et
engager les déserteurs à rapporter leurs armes.
Le comte de Neipperg est nommé commandant de la ville ; des corps de troupes autrichiennes se dirigent vers la partie méridionale
du royaume ; les proclamations de la famille
de Bourbon sont affichées ; les princes ont
pris l'engagement d'oublier le passé, de respecter la dette, de maintenir les officiers dans
leurs grades et dans leurs honneurs : des intentions si sages et si pacifiques leur promettent
un règne paisible.

26 *mai.*

LA ville de Naples, à mon arrivée, m'avoit
paru très-peuplée; son mouvement n'étoit rien
en comparaison de ce qu'il est aujourd'hui ; les
grandes rues et les places sont tellement obs-
truées de militaires, de voitures, de fourgons,
de curieux, qu'on a peine à s'y faire jour : on
passe souvent en revue les troupes devant le
palais ; tous les soirs à l'heure de la retraite,
deux ou trois corps de la musique de l'armée
montent la rue de Tolède, et la redescendent
à peu de distance les uns des autres. Le prince
Léopold est allé en grand cortége dans la ca-

thédrale, remercier Dieu de son retour dans le
royaume de ses pères : nous l'avons vu au spectacle, dans la loge qu'a occupée si long-temps la
famille de Murat. — On voit ici des officiers et
des soldats de toutes les nations, Autrichiens ,
Toscans , Siciliens, Napolitains ; des troupes
de terre et des marins anglois : les Napolitains
formés par Murat , ont la tournure et l'uniforme françois. Les Siciliens ressemblent aux
Anglois, avec lesquels ils ont servi long-temps.

30 *mai.*

Nous avons loué un petit bâtiment portant
pavillon anglois, qui nous conduira à Livourne ;
nous mettrons à la voile dès que le vent sera
favorable. Nous avons eu beaucoup de peine
à obtenir des passeports ; ils ne nous ont été
accordés qu'en qualité de Suisses , et grâce aux
peines de notre consul : cet homme respec-
table , tout dévoué aux intérêts de son pays, a
obtenu la mise en liberté de plusieurs officiers
ses compatriotes qui avoient servi dans l'armée
de Murat. Caroline est partie : on dit que l'a-
miral anglois , surpris de l'énorme quantité
d'effets précieux qu'elle avoit entassés sur le
Capri, s'opposoit à son départ. L'ex-reine a fait
demander une entrevue au comte de Neipperg,

qu'elle avoit connu à sa cour en qualité de ministre d'Autriche : ce n'est plus comme souve-
raine, c'est comme suppliante qu'elle a traité
avec lui ; elle s'est mise sous la protection de
l'Autriche, a renoncé à la convention conclue
avec les Anglois, a fait venir ses enfans de
Gaète, et est partie pour Trieste.

Nous avons attendu long-temps chez le comte
de Neipperg, épiant le moment où nous pour-
rions lui demander nos passeports : durant notre
longue station dans son anti-chambre, nous
avons vu paroître un Napolitain essoufflé et fort
animé ; il entraînoit avec lui un jeune homme
d'environ vingt ans : voilà, a-t-il dit en entrant,
mon fils, que l'officier chargé de la réorgani-
sation de l'armée, n'a pas voulu admettre dans
le corps qu'il forme ; mon fils, qui a refusé de
suivre Murat, et qui ne veut servir que S.
M. Ferdinand IV ! et il répétoit avec complaisance, S. M. Ferdinand IV ! Je viens m'a-
dresser à S. Excellence, pour qu'elle lui accorde
un brevet ; puis il présentoit à l'admiration de
l'assemblée ce fils si fidèle à son légitime souverain : le jeune homme restoit dans le silence.
Un aide-de-camp a paru, le père lui a adressé
sa demande ; l'aide-de-camp, jetant sur l'aspi-
rant un regard peu favorable, a dit à haute

voix : On n'a pas voulu admettre votre fils dans
le nombre des officiers de la garde royale,
parce que le nom de monsieur a été consigné
dans la honteuse liste de ceux qui ont déserté
Murat ; un prince ne peut jamais recevoir dans
ses troupes un officier qui a déserté, parce que
celui qui s'est conduit lâchement dans un service, ne se conduira pas mieux dans un autre ;
je souhaite que l'on se soit trompé, c'est à
vous à le prouver ; en attendant je ne puis vous
accorder ce que vous me demandez ; et il a
disparu, laissant le père et le fils se retirer en
silence, ne pensant plus à tirer gloire de la
singulière marque de dévouement qu'ils avoient
donnée à leur souverain, dévouement si mal
apprécié.

On fait de grands préparatifs pour l'entrée
du roi ; nous ne l'attendrons pas, nous sou-
pirons après un vent favorable : voilà le patron
de notre bâtiment, qui assure que demain nous
pourrons partir ; je ne vous écrirai que de Livourne. Adieu.

La fuite de Murat en France, sa vie errante,
son arrivée en Corse, sa téméraire descente en
Calabre, sont connues aujourd'hui ; l'inquiétude, le regret du trône le précipitoient vers
sa perte, tandis qu'on obtenoit pour lui un asile

honorable. Les vents, qui sembloient conspirer contre lui, ne pouvoient le diriger sur un port du royaume qui fût moins favorable à ses desseins que celui où il a débarqué : ses généraux avoient exercé des cruautés inouies sur les Calabrois, et ce peuple avoit conservé une haine violente contre le gouvernement qui l'avoit traité avec tant de rigueur. Aussi, Murat, avant sa mort, a-t-il été exposé à tous les outrages de ces hommes qu'il appeloit ses sujets : en le voyant traîner au supplice, insulté, défiguré, couvert de boue, on regrette qu'il n'ait pas fini sa vie à la tête de ses troupes, mort que sa brillante valeur sembloit lui promettre. La cour de Naples, fidèle à son système de douceur et d'amnistie, n'a consenti qu'à regret à son exécution ; heureuse que le seul homme qu'elle a été obligé de sacrifier, fût celui qui pouvoit lui inspirer quelques inquiétudes, et dont elle devoit la condamnation au repos de son peuple. La fidélité avec laquelle la maison de Bourbon de Naples s'est acquittée de ses promesses, sa modération, la sagesse de son ministère, lui méritent l'admiration de l'Europe.

CHAPITRE VIII.

NAPLES.

On est réveillé de grand matin à Naples par le bruit du peuple. Des marchands sortent de leurs maisons et s'établissent dans la rue ; un artisan suivi de ses ouvriers se place devant la porte de sa boutique ; à côté de lui, un changeur pose sa banque ; la fumée d'une chaudière de macaronis attire une troupe de gens du peuple ; chacun d'eux reçoit pour un *grain* une portion de son mets favori ; des ânes chargés de légumes sont dirigés sur la place du marché ; des magasins de blé, de lentilles, de pois et de farine, des corbeilles de fleurs et de fruits ornent les rues. Au milieu de cette abondance, circule une population oisive et déguenillée ; des jeunes gens pleins de force et à demi-nus jouent aux cartes dans les carrefours, ou s'endorment le long des murs des maisons ; des mendians harcellent les passans et les fatiguent de leurs cris. Bientôt les portes et les fenêtres des palais s'ouvrent et laissent découvrir ce qui se passe dans l'intérieur de l'appartement ; les habitans paroissent sur leurs balcons, en habit du matin ; les femmes saluent leurs amis de ce geste gracieux de la main généralement adopté en Italie ; c'est sur le balcon qu'elles reçoivent les visites, c'est de-là que s'établissent par signes des conversations avec les habitans des maisons voisines : des entretiens très-animés ont lieu de cette manière ; des déclarations d'amour et des réponses fort tendres passent d'une rue à l'autre sans trahir les deux amans.

Le bruit et le mouvement augmentent ; les cris des cochers, ceux des marchands ambulans, les gestes passionnés, les disputes, les jeux de la populace, offrent des spectacles curieux ; de petits chevaux ornés de rubans et de plumes, dirigés par un caveçon, entraînent avec rapidité des cabriolets dorés ; quelquefois un moine remplit à lui seul l'intérieur de ces légères voitures ; le conducteur, assis de côté sur le brancard, les jambes pendantes, tient les rênes ; un petit garçon, debout derrière, est chargé de fouetter le cheval et de l'exciter par ses cris ; le religieux, dans une heureuse insouciance, fend la foule et voit ses ouailles s'incliner à son passage.

Dès le matin, la rue qui conduit de la place

Médine au port, est couverte de tréteaux, d'où
des bateleurs haranguent le peuple ; des écri-
teaux, des peintures y promettent des spectacles intéressans. Le démonstrateur de la lanterne magique fait successivement passer en
revue aux enfans qui se groupent autour de
sa caisse, Madrid, le fameux Capitole de Rome
avec la statue équestre du grand Empereur,
Arlequin qui danse. Un théâtre de marionnettes
donne ses représentations en plein air, et les
galériens eux-mêmes obtiennent d'arrêter un
moment la charrette à laquelle ils sont enchaînés, pour voir une scène de Polichinelle
qui bat sa femme. Une musique bruyante attire
le peuple près d'une estrade ; quelques femmes
brûlées par le soleil, vêtues d'oripeaux brillans
de paillettes, joignent les accens de leur voix
fatiguée au bruit du violon et de la trompette ;
Polichinelle, couvert d'un surplis qui devroit
être blanc, fait tour-à-tour sortir d'une espèce
de corne des sons rudes et discordans, et tour-
à-tour s'interrompt pour se livrer au rôle pénible de bouffon auquel il est condamné, tandis
qu'une danseuse exécute à côté de lui quelques tours d'adresse ; tout-à-coup le maître
d'orchestre pose son violon et fait signe qu'il
veut parler ; la musique cesse. *Polichinelle,*

s'écrie le virtuose , *que penses-tu de l'incon-*
cevable agilité de cette dame? des tours aussi
remarquables t'étonnent ? Eh bien , Poli-
chinelle , dis à cette honorable assemblée
qu'ils ne sont rien , absolument rien , en
comparaison de ceux qui vont s'exécuter sur
notre théâtre. Oui , Seigneurs , dit-il , en
s'adressant à la foule déguenillée qui se presse
autour de lui , *votre très - humble serviteur*
a réservé pour cette dernière représentation
tout ce qu'il y a de plus étonnant et de plus
remarquable ; vous y verrez l'inconcevable
Giulietta y déployer le talent qui l'a fait
admirer dans toutes les cours de l'Europe ,
et l'illustrissime Fantoschini , le premier
maître du monde , se surpasser lui - même
dans l'espoir de vous plaire. Accourez tous ,
hâtez-vous d'entrer , la salle est remplie ,
la représentation va commencer. O grande
merveille ! ô choses étonnantes , qu'on n'a
jamais vues et qu'on ne verra jamais ! Les
musiciens , reposés pendant cet intervalle ,
recommencent avec plus de force. Quelques
soufflets donnés au pauvre Polichinelle font
naître la gaîté parmi les spectateurs ; l'assemblée, déjà ébranlée par l'éloquence de l'orateur,
ne peut résister à l'entraînement qu'inspirent

des sons si harmonieux, de si heureuses plaisanteries, et tous ceux qui possèdent quelques grains se hâtent de les changer contre un billet d'entrée.

A une heure après midi, le mouvement diminue, les Napolitains se retirent pour dîner et pour dormir; les balcons sont abandonnés, les volets se ferment; les rues, pendant deux heures, sont presque désertes.

Au coucher du soleil, les habitans aisés se rendent à la promenade; les voitures, les calèches, les hommes à cheval se dirigent en grand nombre le long de la villa Réale et de la côte de Mergeline, vers le chemin neuf qui s'élève en terrasse au-dessus de la mer.

La villa Réale est un jardin public situé sur le rivage; il est séparé de la rue de Chiaia par des grilles; le soir, les habitans s'y rendent en foule; on y voit le soleil se coucher derrière les coteaux de Pausilippe, et ses rayons dorer les côtes éloignées de Sorrente; à droite, la rue, remplie de voitures qui vont et reviennent; à gauche, la mer étincelante des derniers feux du jour, et dans le lointain l'île de Capri qui ferme cet immense golfe. La villa Réale est plantée de fleurs et d'arbres légers; elle est ornée d'un grand nombre de statues : le groupe

le plus remarquable est celui du Taureau Farnèse, composé de six figures taillées dans un
seul bloc de marbre ; il fut découvert à Rome,
dans les thermes de Caracalla, sous le pontificat de Paul III.

Lycus, roi de Thèbes, ayant répudié Antiope,
épousa Dircé. Antiope, pour se soustraire aux
persécutions de sa rivale, se réfugia dans les
bois du mont Cythéron, où elle rencontra ses
deux fils, Zéthus et Amphion, qui y avoient
été élevés, et qui la crurent d'abord une esclave fugitive. Dircé, à la tête des Bacchantes,
arrive sur le mont Cythéron, à la poursuite
d'Antiope, dont elle veut la mort ; Zéthus et
Amphion reconnoissent leur mère : aidés d'un
vieux pasteur qui avoit soigné leur enfance,
ils arrachent Antiope des mains de son en-
nemie, et attachent Dircé par les cheveux
aux cornes d'un taureau sauvage qui entraîne
cette malheureuse dans les ronces et les rochers : le statuaire a représenté le taureau retenu encore par une corde, près de s'élancer.

De la promenade, les Napolitains se rendent
au spectacle ; plusieurs petits théâtres donnent
deux représentations dans la journée, l'une
à vingt-deux heures, l'autre à deux heures,
c'est-à-dire deux heures avant et deux heures

après le coucher du soleil. Cette manière de diviser le jour suivant sa longueur, n'a rien de fixe, et les habitans sont contraints de régler leurs habitudes sur la marche du soleil : dans ces petits théâtres, on entend souvent de la bonne musique et l'on y voit de jolies scènes ; quelques-unes sont de Goldoni, mais chargées et métamorphosées en opéra ; d'autres sont traduites du françois et arrangées dans le goût italien : l'histoire de France et celle d'Angleterre sont mises à contribution pour amuser un peuple qui ne connoît pas même celle de son pays ; les mœurs locales et celles du temps n'y sont pas trop observées. Nous y avons vu Henri, roi d'Angleterre, combler d'éloges le magistrat courageux qui avoit arrêté et fait conduire en prison l'héritier présomptif de la couronne, accusé d'un délit de police ; nous avons assisté à la représentation de Henri IV, ou le passage de la Loire : Polichinelle jouoit un grand rôle dans cette dernière pièce ; les transports de joie du fameux masque Napolitain en voyant Henri IV, ses danses, ses amours avec les jeunes paysannes françoises, qui ont coutume de trouver dans leurs amans plus de galanterie et de bravoure, pouvoient, au premier coup-d'œil, paroître fort extraordinaires ; mais la haine prononcée de cet Italien du midi, pour le parti de la ligue, lui méritoit dans cet occasion des lettres de naturalisation.

Sur ces théâtres, le bouffe étant le premier acteur, il en résulte que l'amant favorisé est souvent poltron, intéressé, gourmand : une femme charmante est éprise d'un homme plein de ridicules ; dans les momens fâcheux, il a peur, elle le cache et s'expose au danger pour l'y soustraire ; le péril passé, il devient fanfaron, il ne craint rien ; il transpercera tout le monde de son épée ; souvent il dit qu'il est malade, il tousse comme un vieillard cacochyme ; elle le plaint, elle le soutient, elle le console ; pour prix de soins si tendres, il la gronde, il est brusque et insupportable ; il lui déclare qu'il ne l'épousera point si son tuteur la prive de sa dot ; il a une mise grotesque, un habit rose, un chapeau disproportionné à sa taille, un excessif embonpoint ; il parle le langage du peuple, et à la fin de la pièce, un héros si peu fait pour toucher le cœur d'une belle, obtient la préférence sur tous ses rivaux.

Le soir, les rues et les places se remplissent de promeneurs ; la brise qui s'élève de la mer rend la vie et la gaîté à une population ac-

cablée par la chaleur du jour ; des pêcheurs
étalent dans la place de Sainte-Lucie des coquillages de toutes espèces , et plusieurs familles viennent y prendre leurs repas ; des marchands nommés *Aquaioli* , placés dans de
petites banques élégantes , distribuent aux passans une eau rafraîchie dans de la neige et par-
fumée du jus de limon. Cette neige durcie
et qui a toute l'apparence de la glace, est une
denrée de première nécessité pour une ville
qui en fait une si grande consommation ; on
la conserve pendant l'été dans des cavernes des
montagnes des Abruzzes , sur les sommités
desquelles elle tombe pendant l'hiver ; les four-
nisseurs sont sous l'inspection de la police , et
ils seroient punis s'ils en laissoient manquer
la ville , même pendant quelques heures. Des
marchands distribuent en plein air aux gens du
peuple des glaces pour un prix fort bas. Au
sortir du spectacle , on entre en foule dans
les cafés, qui, tous ouverts sur la rue, brillent
d'une vive clarté ; un grand nombre de voitures s'arrêtent devant les limonadiers les plus
en vogue. Des enfans portent des corbeilles
de fleurs de café en café ; des joueurs de go-
belets viennent offrir d'y exercer leur adresse.
Des bandes de musiciens chargés de harpes

légères, font entendre dans la rue des concerts, et s'accompagnent de leur voix. Ce ne sont point les compagnons d'Ossian, qui sur des tons graves célèbrent les hauts faits de leurs ancêtres dont ils croient découvrir les traits dans les sombres nuages qui passent sur leurs têtes; ces bardes du midi, sous un ciel parsemé d'étoiles, dans des nuits d'une température délicieuse, chantent l'amour, que tout favorise dans leur heureuse patrie.

La mer de Naples fournit des poissons et des coquillages en abondance; la terre produit le coton et nourrit le ver à soie. En voyant les campagnes couvertes au loin d'orangers, de myrtes et d'oliviers; en voyant les guirlandes de la vigne unir les arbres; en entendant les sons du tambour de basque qui anime les danses devant les métairies, on se croiroit transporté dans ces contrées que la fable nous dépeint comme le séjour d'un bonheur pur et inaltérable; mais on ne retrouve point chez les habitans l'élégance, les mœurs douces et la vie innocente de l'âge d'or.

Dans ce pays si beau, la vie a quelque chose d'aisé; on ne semble exister que pour le repos et le plaisir; un léger travail fournit aux besoins du corps : des promenades en voiture, les re-

présentations de l'opéra, voilà ce qui remplit
la journée des riches Napolitains ; des attache-
mens faciles à former, suffisent à leur cœur, que
l'ambitition et le besoin de s'instruire occupent
peu. Est-il étonnant qu'une terre si fertile, habitée par un peuple ennemi de la peine, ait
été si souvent conquise ? Depuis l'invasion des
Normands, l'histoire du royaume de Naples
ne présente qu'une succession de princes étrangers, de dynasties nouvelles qui se disputent
le trône. Naples, source éternelle de discussions entre les empereurs, les familles d'Anjou
et d'Arragon, les papes, les rois de France et
d'Espagne, a été pour l'Italie la cause de maux
incalculables, par les armées étrangères que
le désir de s'emparer de cette belle contrée
y a attirées.

Ce pays, désolé si souvent par les orages
politiques, est exposé encore à des révolutions
d'une autre nature. On voit dans les environs
de Naples des couches immenses de lave,
d'anciens cratères de volcan : des exhalaisons
sulfureuses, des eaux thermales qui sortent de
l'intérieur de la terre, annoncent que les feux
qui l'ont bouleversée ne sont pas encore éteints.

Insensible à ces funestes présages, le peuple
couvre de champs et de fleurs cette terre vol-

canique ; il habite au pied du Vésuve, et s'endort paisiblement à la vue des flammes qui le menacent ; lorsque la lave se dirige sur sa demeure, il fuit et entraîne en pleurant sa famille loin de ce théâtre de désolation. L'éruption finie, il rebâtit sa maison sur le lieu même où l'ancienne a été engloutie, et en construit les murailles de morceaux de lave.

Le miracle de la liquéfaction du sang de St. Janvier, qui s'opère pendant une suite de jours fixés d'avance, est un des spectacles qui excite le plus vivement l'émotion du peuple, quoique la régularité que depuis tant d'années le Saint met à satisfaire le vœu de la nation, dût diminuer le mérite de cet événement.

Tous les voyageurs ont décrit cette scène : plusieurs ont déploré l'abus qui donne un caractère religieux à un spectacle offert à l'oisiveté du peuple. Les pompes de la cour de Rome ont souvent un caractère de grandeur qui frappe l'imagination et qui peut faire naître l'enthousiasme ; les pratiques superstitieuses du peuple de Naples, encouragées par le gouvernement, étonnent et affligent les nations qui ont ramené le culte chrétien à sa première et noble simplicité.

Nous vîmes le buste de St. Janvier, orné de brocarts, de colliers de rubis et d'émeraudes, un bouquet de fleurs au côté, la mitre en tête, transporté de l'église cathédrale dans celle de Ste. Claire, y recevoir les hommages de trente-deux saints dont les bustes d'argent, soutenus chacun sur les épaules de quatre porteurs, venoient s'arrêter et s'humilier devant lui, tandis qu'une bande de musiciens faisoient entendre une musique bruyante et peu harmonieuse. Cette visite finie, on tire la phiole qui contient le sang, on entoure l'autel, tout le monde se met en prière, le prêtre élève la phiole et la rabaisse sans cesse ; il la présente aux assistans ; elle est avidement pressée par toutes les lèvres, le temps s'écoule, les Pater, les Avé Maria redoublent, l'inquiétude gagne tous les cœurs, la figure du prêtre indique une grande agitation ; tout-à-coup une cloche se fait entendre, le miracle est opéré, mille cris remplissent l'église. *O Saint Janvier, notre Protecteur ! ô divine Vierge ! quelle grâce pour ton pauvre peuple !* Les femmes s'arrachent les cheveux, des larmes de joie coulent de leurs yeux.

L'église de Ste. Claire est adossée à un couvent de femmes ; les religieuses, dans une galerie masquée, avoient été témoins de la cérémonie ; nous les vîmes à genoux dans leur chapelle, encore émues, et remerciant le ciel de ses faveurs : elles obtinrent la grâce d'arroser de leurs larmes la phiole précieuse. Au moment du départ, les pensionnaires et les novices vinrent à la grille dire adieu à leurs sœurs et à leurs amies qui rentroient dans le monde. La guimpe de ces filles modestes contrastoit avec les plumes et les fleurs qui ornoient leurs anciennes compagnes. Soupiroient-elles en voyant les barrières qui les séparoient d'elles ? Hélas ! St. Janvier et son miracle devenoient leur seule conversation, alloient former tous leurs plaisirs !

Dans la nef de l'église cathétrale, on voit le tombeau d'André, roi de Hongrie, qui fut assassiné le 18 septembre 1345, dans un couvent près d'Averse, où la cour résidoit alors. Jeanne de Naples, son épouse, agée de dix-huit ans, fut convaincue d'avoir au moins consenti à cette mort, qui attira de si grands maux sur le royaume. La férocité d'André l'avoit rendu odieux à cette reine voluptueuse, trop célèbre par ses fautes et ses malheurs. Elle se fit déclarer innocente dans un consistoire tenu à Avignon, auquel elle assista, et envoya sa justi-

fication à Louis de Hongrie, qui marchoit sur
Naples avec une armée, pour venger la mort de
son frère. « Jeanne (lui répondit ce Prince),
votre vie déréglée, l'autorité que vous avez
retenue, la vengeance négligée, un mariage
précipité, et vos excuses, prouvent que vous
êtes coupable. »

L'épitaphe que l'on lit sur le tombeau,
proclame le crime de Jeanne dans la ville où
elle régna.

Andreæ Caroli Uberti, Pannoniæ regi, Napolitanorum regi,

Johannæ uxoris dolo et laqueo necato,

Ursi Minutuli pietate hic recundito·

Ne regis corpus insepultum, sepultumve facinus remaneret.

Il me paroît difficile de rendre en françois
l'énergie de cette dernière ligne : je ne l'essaie
pas.

On voit dans la chapelle du trésor, des
fresques, dernier ouvrage du Dominiquin. Cette
chapelle a été le théâtre des persécutions qui
donnèrent la mort à cet homme célèbre. Le
Dominiquin, si mal apprécié pendant sa vie,
ignora lui-même la perfection de son talent.
Sa timidité, son assiduité, le peu de brillant
de sa conversation, lui attirèrent les railleries
des autres élèves de l'école de Bologne. On le

comparoit à un bœuf qui trace péniblement
son sillon; il n'opposoit que le silence aux sar-
casmes dont on l'accabloit, et il se crut toujours
justement critiqué. Lanfranc, qui, malgré le
mépris qu'il affectoit pour les ouvrages du
Dominiquin, avoit su probablement y découvrir une supériorité sur les siens qui l'irritoit,
s'attacha à ses pas, comme un génie malfaisant,
pour lui nuire. Plus d'une fois il le força d'interrompre un travail qu'il avoit commencé, et
obtint de l'achever lui-même : triste exemple
de la jalousie qu'on voit régner souvent entre
les artistes. Dans une fresque du couvent de
St. Grégoire à Rome, qui représente le martyre
de St. André, le Dominiquin s'est peint lui-
même sous la figure d'un homme du peuple
qu'un soldat repousse brusquement, tandis qu'il
laisse approcher ceux qui l'entourent; image
touchante des contrariétés qui avoient hérissé
sa vie. Cet homme infortuné, qui probablement n'osoit se plaindre, faisoit ainsi à la postérité la confidence de ses peines secrettes;
mais lorsqu'il peignoit St. Jérôme mourant,
le sentiment de ses forces ne devoit-il pas le
consoler de l'injustice de son siècle?

Pour mettre le comble à ses maux, le
Dominiquin fut appelé à peindre la chapelle

du trésor à Naples, ouvrage que plusieurs peintres avoient déjà commencé, et que les intrigues des artistes du pays, jaloux de la préférence accordée à des étrangers, les avoient forcés d'interrompre. Là, tout fut mis en usage contre lui : sa mélancolie habituelle lui rendoit ces persécutions encore plus amères. L'Espagnolet et un nommé Carenzio se liguèrent contre lui. Lanfranc, constant dans sa haine, l'avoit suivi à Naples. On tourne ses ouvrages en ridicule, on le calomnie auprès du vice-roi, on engage ceux qui préparent ses couleurs, à les dénaturer ; le malheureux peintre, effrayé des menaces dont il est journellement l'objet, s'enfuit secrètement à Rome, mais on arrête sa femme et ses enfans qu'il avoit laissés à Naples, et on refuse de les mettre en liberté s'il ne vient achever son ouvrage : il est contraint de rentrer au milieu de ses ennemis. Le chagrin et la défiance le rendirent le plus infortuné des hommes ; il ne travailloit qu'en secret ; il ne prenoit de nourriture qu'avec les plus grandes précautions. Dans une semblable disposition d'esprit, pouvoit-il retrouver le génie qui l'avoit inspiré autrefois? Aussi est-on forcé d'avouer que ses derniers ouvrages sont fort inférieurs à ceux d'un temps moins orageux : il mourut enfin. Lanfranc détruisit plusieurs de ses fresques, et les remplaça par des peintures de sa main. On fit même restituer à la famille du Dominiquin une partie du prix qu'il en avoit reçu.

Les statues de la villa Farnèse, transportées de Rome à Naples, ont été réunies, dans le palais degli studii, à celles trouvées à Herculanum ; elles forment une magnifique collection : on y remarque les statues équestres du proconsul Balbus et de son fils, qui semblent faites sur le même moule ; elles ornoient le théâtre d'Herculanum ; la belle Vénus callipège, Aristide, la Flore, Apollon enfant, auquel un Satyre enseigne à jouer de la flute de Pan, et un très-grand nombre d'autres morceaux précieux. Une salle est remplie d'antiquités égyptiennes, qui prouvent combien les Grecs l'emportoient, par leur goût et par le sentiment du vrai beau, sur les autres nations anciennes.

Dans le centre de la galerie, est placé le célèbre Hercule Farnèse Le héros, complètement nu, s'appuie sur sa massue. « Le statuaire nous le représente (dit Vinkelmann) les veines gonflées, les muscles tendus et élevés, cherchant à respirer après sa course pénible au jardin des

Hespérides, dont il tient les pommes dans sa main. » Il ne faut point chercher sur les traits d'Hercule le caractère de la divinité qui lui fut accordée pour prix de ses exploits ; c'est encore un homme accomplissant sur la terre la tâche pénible à laquelle il fut condamné dès son enfance ; c'est un athlète dont la stature, la proéminence des os et des muscles, indiquent la prodigieuse vigueur. Quelle force ne déploiera pas ce héros, maintenant dans l'attitude du repos, lorsque le mouvement animera ces bras robustes, lorsqu'un sentiment d'indignation relèvera sa tête fléchie, et agitera sa massue redoutable !

A côté de cette statue colossale, où les formes semblent exagérées, est placée celle *de Vénus Victrice*, appelée aussi Vénus de Capoue. Cette déesse tient encore la pomme, trophée de sa victoire. Qui, en effet, pourroit lui disputer le prix de la beauté ? Le statuaire n'a emprunté à la figure humaine que ses formes les plus nobles, que la beauté la plus pure ; sur ce front empreint d'une dignité céleste, règne une jeunesse qui triomphe du temps. La déesse est à demi-nue et sans ornement ; son attitude est aisée et pleine de grâces. L'artiste qui produisit l'Hercule avoit une connois-

sance parfaite de la structure de notre corps ;
le père de la Vénus étoit un poète ; il l'a créée
telle qu'Homère et Virgile ont dépeint cette
déesse, dont la beauté trahissoit toujours le
secret, lorsqu'elle vouloit se cacher sous les
traits d'une mortelle ; près d'elle, les brillantes
fables de la mythologie se présentent sous les
couleurs les plus riantes.

Il existe dans le cabinet degli studii une
collection de tableaux : le plus frappant est de
l'école françoise, du célèbre Gros ; il représente une charge de cavalerie, commandée
par le général Murat, qui détermina le succès
de la bataille d'Aboukir, dernière victoire de
Bonaparte en Egypte.

Dans le groupe principal, on voit le général
Murat, le pacha de Romélie qui vient d'être
pris, et qu'on enlève de son cheval ; son fils
qui s'élance vers lui avec une grande expression de sensibilité ; les chevaux expirans s'a-
battent sous leurs cavaliers, le sang coule ; le
désordre, la fureur des assaillans, la terreur
de ceux qui voient le sabre s'abaisser sur leur
tête, sont exprimés avec énergie. Ce mélange de nations si différentes qui se réunissent
dans ces plaines arides pour se donner la mort,
le contraste des amples et riches vêtemens de

l'Orient, avec les légers uniformes de la cavalerie françoise, font un grand effet.

Les catacombes de Naples sont plus vastes
que celles de Rome; elles ont plusieurs étages.
Lorsqu'on pénètre dans les catacombes, il est
beau de voir les guides s'enfoncer avec leurs
flambeaux dans ces souterrains immenses. Les
colonnes et les arcades taillées dans le roc, se
dessinent sur les rayons de la lumière qui s'é-
loigne et qui bientôt ne paroît plus que comme
une étoile au milieu de ces profondes ténèbres.
On voit dans les catacombes de larges avenues,
des salles et un grand nombre de tombeaux.
Quelques squelettes blanchis ont été sortis du
lieu où ils reposoient depuis des siècles, et
ont paru entiers et encore revêtus de chairs :
ces souterrains ont probablement servi de cimetière dans des temps de contagion ; là, on
venoit entasser les victimes que le fléau frap-
poit chaque jour. Les cérémonies du culte des
morts se célébroient dans une vaste chapelle
à laquelle aboutissent plusieurs galeries. Les
chants funéraires se mêloient aux coups des
mineurs qui ouvroient de nouvelles tombes.
On a, depuis, imaginé que ces lieux avoient
servi de retraite aux chrétiens de la première
Église, qui y trouvoient un asile contre les

persécutions ; les peintres se sont emparés de cette idée, ils ont représenté St. Janvier célébrant dans ces souterrains les sacrés mystères à la clarté de quelques lampes, et donnant sa bénédiction à une assemblée de fidèles réunis au pied de leur pasteur.

A notre départ de Naples, la rade étoit remplie de vaisseaux de guerre et de transport anglois. Des bâtimens marchands qui arrivoient du Levant y entroient à pleines voiles, d'autres s'éloignoient, portant des voyageurs en Sicile et en Grèce; on voyoit de longs bateaux napolitains revenir chargés de fruits de Sorente et de Castellemare; des barques remplies de paysans et de passagers partoient pour Ischia et Procida, pour Amalfi et Salerne; les élégantes chaloupes des vaisseaux anglois, dirigées par des matelots vêtus de blanc, conduisoient sans cesse au rivage, des officiers de marine qui, couchés négligemment à la proue, voyoient leur bâtiment glisser sous les efforts des rames élevées et abaissées en cadence; le soir, les habitans venoient se promener sur la jetée du port, les bateliers Napolitains entouroient les étrangers, s'écriant à l'envi : *Eccelenza, a me, a me ;* ils se disputoient à qui les recevroit sur leur bateau; ils nous conduisoient au milieu del a flotte , d'où nous entendions la musique qui animoit les travaux des matelots Anglois. Quelquefois le marinier déployoit la petite voile de sa nacelle ; le vent nous portoit sur les côtes de Portici , ou à la pointe de Pausilippe ; on y voit des débris d'anciennes constructions auxquels on a donné le nom d'École de Virgile. Un rocher qui s'élève aux milieu des eaux , à peu de distance de la colline , forme un petit détroit où les pêcheurs jettent leurs filets : un capucin a établi sa demeure sur le rivage ; il demande l'aumône aux bateaux qui passent devant sa cellule. Vue de la mer, Naples se présente avec majesté : on voit cette ville comme divisée par la pointe de terre, sur laquelle est bâti le Fort-de-l'Œuf , et cette multitude de maisons blanches dont les toits aplatis forment des terrasses, pressées sur l'espace qui s'étend du rivage à la colline de Saint-Elme.

CHAPITRE IX.

ENVIRONS DE NAPLES.

En sortant de Naples par Chiaia et la côte de Mergeline, on arrive à la grotte de Pausilippe; cette grotte, longue de près d'un mille, est le principal passage pour la population de Naples qui se rend à Pouzzoles à Bauli, et pour les habitans de cette côte qui portent des légumes et des fruits à la ville : ce chemin souterrain, construit pour éviter une route rapide sur la colline dans laquelle il est percé, est fort ancien; il existoit du temps d'Auguste; Sénèque en parle; il se plaint de sa longueur, de son obscurité et de la poussière qui y étoit entassée; il a été exhaussé dans des temps modernes, et pavé de quartiers de laves; des lampes placées de distance en distance y brûlent jour et nuit, mais ne suffisent pas pour l'éclairer; on éprouve une sensation extraordinaire en entrant dans ce passage obscur, au sortir d'une ville immense et populeuse; peu à peu les rayons du jour s'évanouissent, et on chemine dans les ténèbres, on

entend le retentissement des voitures et des
pas des chevaux que l'on ne voit point : quand
on traverse la grotte à pied, on a souvent
quelque peine à se frayer une route à travers
les chars, les ânes et les troupes de paysans.
A l'issue du passage, est situé le petit village de
Fuori la grotta ; la vue, ordinairement si étendue dans les environs de Naples, y est bornée
par des collines qui forment un vallon d'un
aspect champêtre et tranquille ; les pampres
de la vigne s'y rattachent à la tige élevée des
peupliers, et se balancent au-dessus des champs
de lin et des prairies émaillées de fleurs. Une
belle avenue d'arbres se prolonge jusque sur
les bords de la mer, vis-à-vis de la petite île
de Nisida, qui sert de lazaret ; un chemin
sur le rivage, taillé en plusieurs endroits dans
des couches de lave, conduit à l'ancienne ville
de Pouzzoles, qui présente des objets intéressans aux amateurs d'antiquités.

On voit dans une petite place de la ville
un piédestal orné de bas-reliefs dont Tacite
parle dans le second livre de ses Annales.

Douze villes de l'Asie mineure, Tmolus,
Cyme, Philadelphie etc., ayant été renversées
par un tremblement de terre, Tibère, qui régnoit alors, les fit reconstruire : ces villes

reconnoissantes lui élevèrent une statue à Pouzzoles, où il résidoit alors. Douze figures sculptées sur le piédestal, représentent les douze
cités; une inscription annonçoit le bienfait de
l'Empereur : la statue n'a pas été retrouvée.

Près de la ville, on voit les restes du magnifique temple de Sérapis. Sérapis étoit une
divinité égyptienne; la ville de Pouzzoles, renommée par son commerce étendu, avoit au-
torisé le culte de ce dieu, que les marchands
de Memphis et de Canope y avoient introduit.

A peu de distance de Pouzzoles, on voit encore les restes de l'ancien amphithéâtre de
cette ville; on y célébroit des jeux du temps
d'Auguste. Les portiques et les caves où l'on
nourrissoit les bêtes féroces, existent encore;
une de ces loges a été changée en chapelle :
on dit que St. Janvier y fut renfermé avant
d'être exposé aux bêtes qui se prosternèrent
à ses pieds lorsqu'il parut dans l'arène. L'aspect
de ce monument est bien différent de ce qu'il
étoit; il est entouré de jardins où des légumes
croissent sous les figuiers et les pins à parasol;
une treille atteint de ses rameaux la muraille
circulaire, et forme un berceau, à l'ombre
duquel nous vîmes établies les familles de
paysans qui habitent les loges destinées autre-

fois aux animaux féroces ; une femme filoit
et berçoit son enfant placé à ses pieds ; des
petites filles qui alloient et venoient, le chien
de la maison, un coq, des poules, un âne
chargé de sacs attaché aux crocs de fer de l'antique muraille, animoient ce tableau : quelle
jolie scène pour un peintre de paysages !

Les environs de Pouzzoles, ceux de Misène
et le pays adjacent méritent l'attention du voyageur, sous les trois points de vue de l'histoire
naturelle, de la poésie et de l'histoire.

Tout indique dans ces lieux un sol tour-
menté par les volcans et les tremblemens de
terre ; à chaque pas on rencontre des fragmens de lave, des tufs, des pierres ponces ;
on marche sur une poussière de pouzzolane ;
on voit d'anciens cratères. Des vapeurs chaudes,
des fumées, des dépositions de soufre et d'a-
moniaque, des sources d'eau thermale, anon-
cent que la terre recèle encore des matières
inflammables qui pourront un jour se rallumer;
aussi les anciens avoient-ils nommé ces lieux
les champs phlégréens.

La formation subite du Monte-Nuovo est
un des phénomènes les plus frappans de l'histoire de cette contrée : Marco Antonio delli
Falconi raconte en détail cet événement. Le

dimanche 29 septembre 1538, fête de St. Michel, après plusieurs secousses assez fortes de tremblement de terre, on vit des flammes sortir de l'endroit où étoit situé le bourg de Tripergola ; elles se fixèrent ensuite dans une petite vallée près du mont Barbaro ; bientôt la terre s'ouvrit et vomit une si grande quantité de cendres et de pierres, qu'elles couvrirent tout le pays d'alentour, et qu'il en parvint même jusqu'à Naples.

Falconi nous représente les habitans de Pouzzoles quittant leurs demeures, couvertes de cette pluie noire et limoneuse, les uns soutenant leurs enfans, d'autres portant des sacs remplis d'effets et conduisant des ânes chargés de leurs familles ; les flots qui s'étoient retirés avoient laissé sur le rivage une grande quantité de poissons morts, et les oiseaux suffoqués tomboient du haut des airs. En se tournant du côté de l'éruption, on voyoit des montagnes de fumée d'où sortoient des flammes, des cendres, des pierres : le bruit qu'on entendoit étoit semblable à celui d'une décharge d'artillerie.

Le sixième jour, l'éruption paroissant finie, quelques personnes se hasardèrent d'approcher de ce théâtre de désolation ; elles appor-

cèrent qu'une montagne de trois mille de cir-
conférence et d'une hauteur presque égale à
celle du mont Barbaro, avoit été formée sur
le bord de la mer; elle couvroit le château
de Tripergola et les bâtimens adjacens : le
pays avoit tellement changé d'aspect, qu'il n'é-
toit plus reconnoissable.

Le dimanche six octobre, plusieurs curieux
dirigèrent leurs pas vers la nouvelle montagne;
ils étoient déjà parvenus à la moitié de sa
hauteur, lorsqu'il furent surpris par une éruption si considérable, que plusieurs d'entr'eux
furent suffoqués, d'autres disparurent et on ne
put retrouver leurs corps.

Est-il étonnant que les peuples anciens aient
attaché des idées superstitieuses à des lieux
si souvent le théâtre de calamités de cette nature, et que les poètes en aient fait le séjour des
malheureux que poursuit la vengeance céleste?
On retrouve dans cette contrée des noms auxquels nous avions, dès notre enfance, associé
des impressions profondes ; ces noms, qui ne
s'étoient présentés à nous qu'agrandis par la
poésie, réveillent dans notre esprit de sombres
images : on est étonné d'entendre les habitans
se servir des expressions consacrées par Homère
et Virgile, parler du lac d'Averne comme d'un

lac ordinaire. Nous parcourons les bords du
Phlégéton, sur lesquels on ne voit plus errer
les ombres malheureuses; nous pénétrons dans
la grotte de la Sybille, et nous nous enfonçons
dans ses détours à la lueur des flambeaux;
mais au fond de ces sombres retraites une voix
redoutable ne prononce point des oracles, le
rameau d'or ne brille plus dans la forêt, et la
nacelle du pêcheur a remplacé sur l'ancien
Achéron la barque du nocher des enfers.

Si les lieux destinés à la punition des cou-
pables ont perdu une partie de leur horreur,
la contrée que l'on nomme les Champs-Elysées
n'a point l'aspect enchanteur qui devoit être
la récompense des hommes vertueux; elle est
un peu mieux cultivée que le reste de la côte,
mais les villages paroissent misérables, et lorsque nous les traversions, des bandes d'enfans
nous suivoient en demandant l'aumône.

Il existe sur ces rivages un grand nombre de
ruines, des débris de temples, de thermes,
des réservoirs d'eaux, des tombeaux : on croit
y voir les restes des maisons de campagne de
Marius, Lucullus, Cicéron, Pompée, Hor-
tensius; des terrasses s'élevoient les unes au-
dessus des autres, des rochers étoient percés
à grands frais, des digues repoussoient les flots

de la mer, d'immenses constructions se pro-
longeoient jusque sous les eaux : ces palais qui
couvroient la côte réunissoient toutes les jouissances du luxe et de la mollesse; des galeries
délicieuses ouvertes sur le golfe, renfermoient
des manuscrits, des statues, les chefs-d'œuvre des arts; les Empereurs venoient passer
dans ces lieux une partie de l'année, ils y
étoient suivis d'une foule de courtisans. Le lac
Lucrain devint le théâtre de fêtes magifiques;
on y donnoit des représentations de batailles
navales; ses rives retentissoient du son des
instrumens; des barques élégantes sillonnoient
ses eaux couvertes de feuilles de roses.

Les prodigieuses dépenses faites pour la
construction de ces maisons de plaisance, la
vie molle de ceux qui les habitoient ont excité
l'indignation d'Horace, de Senèque, de Martial.
La beauté de ces rivages, la magnificence qu'on
y déployoit, l'air même, inspiroient la vo-
lupté. Heureux, cependant, les Romains, si
ces lieux n'avoient été les témoins que de ces
désordres, qui sont la suite trop ordinaire de
la splendeur des Etats et d'une haute civili-
sation; mais leurs Empereurs, qui devoient
porter les excès au-delà de toutes les bornes,
les souillèrent de leurs crimes.

Caligula fit construire un pont qui joignoit Bauli à Pouzzoles, sur un espace de 3500 pas; il réunit un grand nombre de bâtimens affermis par leurs ancres, et fit pratiquer au-dessus une chaussée. Vêtu de pourpre et d'or, couvert d'une cuirasse qu'il prétendoit avoir appartenu à Alexandre-le-Grand, couronné de chêne, l'Empereur, après avoir fait des sacrifices à Neptune, monte sur le pont à Bauli, harangue ses soldats, et attaque Pouzzoles, où il entre comme dans une ville conquise; et de même qu'il avoit changé la mer en terre, il voulut que la nuit fût métamorphosée en jour; il fit couvrir les collines qui entouroient Baies, de flambeaux qui répandirent une lumière si éclatante que l'œil en étoit ébloui; une mer calme réfléchissoit dans son sein l'éclat de tant de feux. Caligula se vanta d'avoir inspiré de la terreur à Neptune lui-même, et ne parloit qu'avec mépris de Darius et de Xerxès.

Après trois jours de semblables folies, l'Empereur, sortant d'un superbe festin, cédant à la férocité de son caractère que l'ivresse augmentoit encore, fait précipiter dans la mer les personnes de sa suite, parmi lesquelles on comptoit des hommes revêtus des charges les plus importantes de l'Empire.

Sur ces mêmes rivages, Agrippine reçut la mort par l'ordre de son fils : le récit de ce forfait a été fait par Tacite, il pourra conserver de l'intérêt dans un foible extrait.

« Catus Vipsanius et Fontejus étant consuls, Néron ne voulut pas retarder un crime long-temps médité ; son audace s'étoit accrue par l'habitude du commandement ; sa passion pour Poppée augmentoit chaque jour : cette femme n'espérant point de voir Octavie répudiée et son sort uni à celui de l'Empereur tant qu'Agrippine vivroit, animoit Néron souvent par des reproches, quelquefois par des plaisanteries.

» Néron évitoit de se trouver seul avec sa mère, et lorsqu'elle se rendoit dans ses jardins, soit à Tusculum, soit dans les champs des Antiates, il l'approuvoit de chercher le repos. Enfin, fatigué de sa présence partout où il la rencontroit, il résolut de la faire périr, incertain entre le poison, la violence ou quelqu'autre moyen ; le poison lui paroissoit préférable, mais si on le lui donnoit à table, pourroit-on attribuer sa mort au hasard ? Britannicus avoit péri de cette manière ! Il étoit difficile de se procurer des complices ; enfin l'affranchi Anicetus lui promit son ministère : il étoit le chef de la flotte de Misène, le précepteur de Néron, odieux à Agrippine qu'il abhorroit.

» La circonstance étoit favorable : le Prince passoit à Baies les jours de fête ; il y attire sa mère, affectant de répéter qu'il faut supporter les emportemens de ses parens. A la nouvelle de son approche, il se rend au devant d'elle sur le rivage ; il la prend par la main, l'embrasse et la conduit à Bauli ; un bâtiment plus orné se distinguoit au milieu des autres, comme pour honorer sa mère, qui avoit coutume d'aller en trirème et de se servir de rameurs. Afin qu'on pût atteindre la nuit qui devoit voiler le crime, Néron invite Agrippine à se rendre à un festin, et par sa réception amicale et ses caresses, il dissipe toutes ses craintes ; il l'a conduit à une place au-dessus de la sienne : là, par de longs entretiens, tantôt dictés par la familiarité d'un jeune homme, tantôt sérieux, il prolonge le repas ; il la suit lorsqu'elle se retire, il la regardoit sans cesse ; il se couchoit sur son sein, soit pour porter au plus haut point la dissimulation, soit que la dernière vue de sa mère, près de mourir, retînt encore cet homme féroce.

» Une nuit éclairée de la lumière des étoiles, une mer paisible, sembloient annoncer la

volonté des Dieux, de dévoiler le crime de
Néron.

» Le vaisseau n'étoit pas fort éloigné du
rivage : deux des affidés d'Agrippine, l'accompagnoient; Creperejus Gallus, étoit à peu de
distance du gouvernail; Aceronia, aux pieds de
sa maîtresse, cherchoit à l'égayer en lui parlant
de son retour à la faveur et de la repentance
de son fils. A un signal donné, la partie supé-
rieure du bâtiment couverte de beaucoup de
plomb, s'écroule ; Creperejus en est accablé;
Agrippine et Aceronia sont protégées par les
soutiens du toit, qui par hasard, se trouvent
trop forts pour céder au fardeau; la dislocation
du bâtiment ne s'opéroit point dans le trouble
général ; parce que le plus grand nombre des
matelots, ignorant le complot, portoient obstacle à ceux qui en étoient instruits; on ordonne aux rameurs d'incliner la galère d'un
côté et de la submerger, mais, le mouvement
n'est point assez prompt, et plusieurs faisant
des efforts dans le sens contraire, rendent la
chute plus douce. Aceronia, égarée, qui s'é-
crie qu'elle est Agrippine, qu'on se hâte de
secourir la mère du prince, est tuée à coups
de rames et de perches; Agrippine, qui reste
dans le silence et qui n'est pas reconnue, re-

çoit une blessure à l'épaule ; cependant, en se
soutenant quelque temps sur les eaux et se-
courue par de petits bateaux de pêcheurs, elle
est transportée dans sa villa sur les bords du
lac Lucrain.

» Là, Agrippine, réfléchissant aux honneurs
qui l'avoient attirée sur ces rivages trompeurs,
à ce naufrage, qui n'étoit point dû aux vents
et aux rochers, et qui paroissoit préparé d'a-
vance, à la mort d'Aceronia et à sa propre
blessure, comprit que le seul remède à tant de
perfidie, étoit d'en ignorer la cause ; elle envoie Agerinus à son fils, lui annoncer que la
bonté des Dieux et la fortune l'ont préservée
de ce terrible accident ; qu'elle le supplie de
surmonter l'effroi que le danger qu'elle avoit
couru, devoit lui causer, de ne point venir la
voir encore, qu'elle n'a besoin que de repos.

» Cependant on annonce à Néron que sa
mère a échappé et n'a reçu qu'une légère blessure ; alors, pâle de frayeur, il s'écrie qu'elle
va tout mettre en œuvre pour se venger, soit
en armant ses domestiques et rassemblant des
soldats, soit en se rendant auprès du sénat et
du peuple pour leur faire le tableau de son
naufrage, de sa blessure, du meurtre de ses
amis : quels moyens lui restent-ils contre elle ?

Burrhus et Sénèque peuvent seuls lui en suggérer; ils sont mandés auprès de lui. Connoissoient-ils le complot? on l'ignore. Ils restent, l'un et l'autre, plongés dans un long silence : craignoient-ils l'inutilité de leurs remontrances, ou pensoient-ils que les choses en étoient venues au point que la vie d'Agrippine entraînât la mort de Néron? Enfin Sénèque, le premier, regarde Burrhus, comme pour lui demander s'il falloit commander aux soldats le meurtre d'Agrippine : celui-ci répond que les troupes prétoriennes sont trop attachées à la famille des Césars, et ont conservé un souvenir trop vif de Germanicus, pour rien entreprendre de criminel contre sa fille ; qu'Anicetus, dit-il, exécute ce à quoi il s'est engagé. Anicetus, sans balancer, demande la somme promise pour ce crime : Néron s'écrie que dans ce jour il reçoit l'Empire de sa main; qu'il se hâte et se fasse suivre de ses affidés. Apprenant qu'Agerinus se rend auprès de lui par ordre d'Agrippine, il imagine un nouveau forfait : tandis qu'Agerinus s'acquitte de sa commission, il lance à ses pieds une épée; alors, comme l'ayant saisi en flagrant délit, il le fait charger de fers afin que l'on crût que sa mère avoit comploté sa perte, et que la honte de se voir découverte, l'avoit portée à se donner la mort.

» Cependant, le bruit du péril auquel Agrippine vient d'échapper se répand sur le rivage ; les uns escaladent les digues, d'autres montent sur les bateaux qui sont à leur portée ; plusieurs entrent dans l'eau : le rivage retentit de plaintes, de vœux, des cris de ceux qui interrogent et répondent tour-à-tour ; une immense multitude arrive avec des flambeaux, et comme on apprend qu'Agrippine est sauvée, le peuple s'approche pour la féliciter, il est repoussé par les menaces des bataillons armés.

» Anicetus entoure la villa de soldats ; il enfonce la porte, arrête les domestiques qu'il rencontre, et parvient à l'entrée de la chambre où couchoit Agrippine ; un petit nombre d'affidés y étoit resté, la frayeur avoit dissipé les autres : une foible lumière éclairoit la chambre, et une seule des femmes de l'impératrice étoit avec elle. Agrippine, de plus en plus inquiète, ne voyoit venir personne de la part de son fils, pas même Agerinus. Le rivage a changé d'aspect, il est devenu désert ; on y entend des cris précipités, tout y présage le crime. Et toi aussi tu m'abandonnes, dit Agrippine à sa compagne qui la quittoit ! Voyant entrer Ani-

cetus, accompagné du Triarque Herculeo et
d'Olarito, centurion de la flotte : Si tu viens
pour me voir, annonce que je suis rétablie ;
si c'est pour commettre un crime, je ne puis
le croire ordonné par mon fils ; il n'a pas commandé un parricide : les meurtriers entourent
son lit ; le Triarque, le premier, la frappe à
la tête d'un bâton ; Agrippine présente elle-
même son sein au fer du centurion, plusieurs
coups terminent sa vie.

» Le corps de la princesse fut brûlé, cette
même nuit, sur un lit qui servoit aux festins ;
ses funérailles se firent en silence et sans éclat ;
et pendant tout le règne de Néron, aucune
clôture ne renferma les lieux qui contenoient
ses cendres ; ensuite ses domestiques lui élevèrent un petit tombeau à côté du chemin de
Misène et de la maison de campagne du dicta-
teur César. L'affranchi Muester, après avoir mis
le feu au bûcher, se perça de son épée, soit
par crainte, soit par attachement pour sa maîtresse. Le genre de mort d'Agrippine lui avoit
été prédit plusieurs années auparavant par des
Chaldéens qu'elle consultoit sur le sort de
Néron ; ils lui dirent qu'il se pourroit qu'il
régnât et qu'il tuât sa mère : « Qu'il la tue, »
avoit-elle répondu, « pourvu qu'il règne. »

» Cependant César, après avoir accompli son crime, en sentit l'énormité ; il passe le reste de la nuit, tantôt plongé dans le silence, tantôt agité par des terreurs ; hors de lui, il attendoit le jour comme devant lui apporter la mort ; les flatteries des tribuns et des centurions, qui, sur l'instigation de Burrhus, viennent le féliciter de ce qu'il a échappé aux tentatives criminelles de sa mère, lui rendent l'espérance ; ses amis se répandent dans les temples ; les villes voisines de la Campanie témoignent leur joie par des sacrifices et des ambassades ; l'empereur, feignant la tristesse, semble détester cette vie qu'il a conservée ; il pleure la mort de sa mère, et, pour se dérober à l'aspect importun de ces lieux, il se rend à Naples : on dit, qu'on entendit sur les collines de Baies le bruit d'une trompette et des gémissemens qui sortoient de la tombe d'Agrippine. » Tacit. Annal., Lib. XIV.

Quels tableaux ! Cette nacelle qui s'avance sur une mer paisible, sous un ciel pur, qui proclament le crime de Néron ; la terreur d'un fils qui redoute la vengeance d'une mère échappée à ses coups ; Burrhus et Sénèque, assez avilis pour qu'on réclame leurs avis ; Agrippine, retirée au fond de son palais, se dé-

robe aux acclamations; le silence funeste qui succède sur le rivage aux clameurs du peuple; la
dernière compagne de l'impératrice qui l'a-
bandonne; et, lorsque le meurtre est commis,
le prince, effrayé de son horrible succès, attend avec terreur la lumière du jour qui doit
éclairer son forfait !

Quittons ces lieux, théâtre de tant de désordres et souillés d'un des plus grands crimes
dont le monde ait été le témoin. Cette contrée,
que Cicéron, César, Auguste habitèrent, que
tous les grands de Rome décorèrent, ne présente plus que des ruines et de chétives habitations ; ces villa si brillantes ont disparu ;
les forêts qui paroient les coteaux ont été
abattues : Pouzzoles, connue par son immense
commerce avec le Levant, n'est aujourd'hui
qu'une misérable bourgade ; la colline de Misène, couverte autrefois de palais qui s'élevoient en amphithéâtre, est inhabitée ; la mer
a envahi les constructions qui la repoussoient ;
une population pauvre et mal-saine vit dans ces
lieux, que les exhalaisons des eaux stagnantes
rendent dangereux ; le mauvais air, le temps,
les ravages des Sarrasins ont tout détruit. C'est
sur le rivage opposé que l'on doit chercher le
mouvement exilé des côtes de Baies, autrefois
si brillantes.

La rive qui s'étend de Naples sur les bases
du Vésuve, quoique menacée par ce volcan, est
couverte des maisons de Portici, de Resina,
de Torre del Greco, de torre dell'Annunziata,
d'un grand nombre de jardins et de bâtimens.
La grande route passe dans le palais même de
Portici; la cour de l'habitation des rois est
sans cesse traversée par les légères calèches du
pays, les pêcheurs et les paysans des environs,
qui, sous les yeux du prince, viennent se
mêler parmi les troupes qui le gardent et les
brillans équipages de sa cour. A quelque distance, le palais de la Favorite s'élève entre
les flots et les masses de lave qui couvrent les
flancs du Vésuve. De cette maison de plaisance
destinée aux fêtes, distribuée et meublée avec
beaucoup de goût, on voit d'un côté la vaste
mer, qui, souvent orageuse, vient assaillir les
jardins du palais; de l'autre, ces torrens noi-
râtres qui ont porté la stérilité sur un espace
immense, couronnés par la fumée qui s'élève
du haut du volcan.

Pour monter le Vésuve, on quitte la grande
route à Résina : après avoir traversé des terrains cultivés et plantés de vignes, on atteint
les lieux couverts par les éruptions ; la maison
de l'ermite est placée aux deux tiers de la hau-

teur de la montagne, sur les limites de ce
théâtre de désolation ; d'un côté, on voit ces
masses de laves qui ont la forme des flots agités
de la mer; de l'autre, des pentes ornées d'ar-
bustes et de gazon que le volcan a épargnées ;
de beaux tilleuls ombragent cette demeure
solitaire, qui a été le témoin de tant de bouleversemens ; mais une colonne de fumée
poussée par le vent, avoit, lorsque nous y arrivâmes, flétri le feuillage naissant de ces arbres,
et détruit les productions du printemps. On
gravit ensuite une pente très-roide, couverte
de cendres mouvantes. Lorsque nous atteignîmes le sommet du Vésuve, aucun accident
n'annonçoit une prochaine éruption : quel spectacle cependant que celui d'un volcan, même
dans un état de repos ! Le cratère du côté opposé à celui où nous étions placés, étoit dominé
par de sombres rochers à pic ; à l'entour on
ne voyoit aucune trace de végétation ; de ce
sol noir, semé de scories rougeâtres et de soufre, sortoit à nos pieds une immense colonne de
fumée légèrement rosée qui s'élevoit avec majesté et ressembloit aux ondes d'un torrent qui
se précipite en poussière ; un feu vif paroissoit de temps en temps à l'ouverture du cratère, et lançoit quelques débris ; un bruit sou-

terrain et périodique annonçoit l'élévation de
la flamme qui coloroit la base de la colonne :
il y avoit quelque chose de solennel dans cette
explosion régulière, seul bruit qu'on enten-
dît en ces lieux ; dans la lenteur avec laquelle la masse épaisse de la fumée s'élevoit ;
dans cette puissance mystérieuse et infatigable,
qui, depuis des siècles, renouveloit ces feux.
Nous contemplions en silence ce spectacle,
tandis que nos guides saluoient de leurs cris la
divinité malfaisante cachée dans le sein de la
montagne.

Nous descendîmes dans le cratère par une
pente peu rapide, et nous nous approchâmes
du foyer, en recueillant les soufres et les pierres
calcinées qui couvroient les environs ; tout-à-
coup une détonation plus forte que les pré-
cédentes se fait entendre, des scories enflam-
mées sont lancées et tombent à côté de nous ;
nous remontons précipitamment, ne doutant
pas qu'une éruption n'allât commencer. Nous
nous étions effrayés sans sujet ; le volcan con-
tinuoit ses opérations lentes et mesurées ; il
sembloit qu'il méprisât de couvrir de ses feux
les êtres foibles qui s'agitoient autour de lui.

On voit à Résine une partie des ruines de la
ville d'Herculanum, engloutie par une érup-

16

tion du Vésuve, la première année du règne
de Titus, et la 79.me de l'ère chrétienne. On
avoit découvert un théâtre, plusieurs temples
et un grand nombre d'objets curieux; des vases
destinés au culte des dieux, des meubles domestiques, des ornemens de femmes, et même
des pois et des fèves qui avoient résisté au feu.
L'amphithéâtre pouvoit contenir dix mille personnes; les édifices et la beauté des morceaux
de sculpture attestent l'état florissant de cette
ville : l'intérieur de plusieurs maisons étoit orné
de fresques qui représentent des traits de la
fable et de l'histoire ; les figures principales
sont entourées d'ornemens, de fleurs, d'oiseaux, de poissons et d'arabesques. Ces peintures sont en général médiocres. pour le dessin
et le coloris ; les chairs en sont d'un rouge
désagréable : le temps et les cendres ont pu
en altérer la couleur. Ces morceaux, ainsi que
les ustensiles et les objets d'art, avoient été
réunis par la cour de Naples dans le museum
de Portici ; nous n'en vîmes qu'une partie, le
reste avoit été transporté en Sicile au départ
de Ferdinand. Les peintures ont été gravées et
décrites ; on distingue la marchande d'amours,
le repas antique, des scènes comiques, des
concerts, des sacrifices, un grand nombre

d'arabesques et de compositions bizarres et fantastiques.

Les morceaux de sculpture trouvés à Herculanum annoncent que l'art du statuaire y étoit plus avancé que celui du peintre ; on remarque les deux statues équestres des Balbus, qui, avec quelques incorrections, offrent de grandes beautés ; un Mercure en bronze, un Silène ivre, étendu sur une outre; une Victoire, un Faune endormi, etc.

Le roi Charles III, possesseur de monumens si précieux, désira les faire expliquer par de savans mémoires; il fit venir de Rome le prélat Bajardi, qui à peine arrivé obtint un traitement de cinq mille ducats et une immense quantité de livres. Pendant le cours de cinq années, le prélat publia un ouvrage de cinq gros volumes in-4.°, sous le titre d'Introduction aux antiquités d'Herculanum, dans lequel s'appuyant sur l'étymologie et sur l'autorité de quelques auteurs anciens, pour établir qu'Hercule avoit été le fondateur de cette ville, il commença à parler de l'enfance de son héros avec tant de détails, qu'à la fin du 5.ᵐᵉ volume, il étoit à peine parvenu à la vingt-quatrième année de sa vie; le roi, effrayé de ce commencement d'introduction, fit dire à l'auteur qu'il devoit s'occuper d'Herculanum, et non d'Hercule : Bajardi, voulant alors se corriger de sa trop grande prolixité, se contenta de faire un catalogue des édifices, des statues, peintures et bas-reliefs, sans y ajouter la moindre explication ; le roi, ennuyé d'un homme qui se jetoit dans les extrêmes les plus opposés, se détermina à former une académie des savans les plus distingués de son royaume, qu'il chargea de décrire ces monumens.

Après avoir tiré les objets précieux des ruines, il a fallu renoncer aux fouilles, et combler même les galeries, de peur d'ébranler le sol sur lequel étoient placées les maisons de Resina. On ne voit plus aujourd'hui que l'amphithéâtre, qui est resté déblayé : on saisit difficilement le plan de sa structure, en le parcourant à la lueur des flambeaux ; on distingue avec peine les murs antiques, des masses de laves qui s'étoient incrustées dans les places vides de l'édifice, et dont il a fallu de grands travaux pour les dégager.

Pour obtenir une idée plus complète de l'aspect d'une ville antique, il faut aller à Pompeia, située sur une petite colline qui domine la grande route, à un mille de la ville della Torre dell'Annuziata : ses ruines, trouvées

à quelques pieds du sol, sont à découvert ; on
a dégagé des cendres qui s'étoient changées en
terre fertile, deux théâtres, plusieurs temples,
des rues entières, des places publiques, une
partie des murs qui entouroient la ville, le logement des soldats, le quartier des tombeaux,
une maison de campagne. Chaque jour les travaux font faire des découvertes : on achève
de déblayer un vaste amphithéâtre orné de
peintures. C'est probablement dans cet amphithéâtre, fort intéressant par sa grandeur et la
beauté de sa forme, que se passa la scène san-
glante dont parle Tacite, Chap. XVII, Annal.,
Liv. XIV.

« Dans le même temps, il y eut pour une
légère contestation, un horrible massacre entre
les habitans de Nocérie et ceux de Pompeia ;
c'étoit à un spectacle de gladiateurs que donnoit
Livineius Regulus ; la querelle avoit commencé
par ces plaisanteries que les habitans des petites
villes ne manquent jamais de se faire les uns
aux autres ; ils en vinrent ensuite aux injures
et aux coups, ils finirent par prendre les armes:
les habitans de Pompeia, chez qui se donnoit
la fête, eurent l'avantage, et l'on rapporta à
Rome beaucoup de Nocériens mutilés: la plupart avoient à pleurer la mort d'un père ou

d'un fils. Cette affaire , renvoyée par le prince au Sénat, et par le Sénat aux consuls, étoit revenue au Sénat de nouveau ; on interdit pour dix ans de pareilles fêtes aux Pompeiens, et l'on rompit toutes les associations illégales qu'ils avoient formées. »

Est-il étonnant qu'on vit s'élever de semblables querelles dans les combats de gladiateurs? Ceux qui venoient pour leur plaisir voir répandre le sang des hommes , ne devoient-ils pas être bien près de le faire couler eux-mêmes ?

Ce fut vingt ans après que la destruction de Pompeia eut lieu.

On ne peut se défendre d'un sentiment de tristesse en voyant cette ville , qui, protégée par les cendres contre les injures du temps, a encore , malgré son antiquité, un air de jeunesse : le même fleau qui la fit disparoître en a conservé les restes jusqu'à nos jours. Sans ce terrible événement , probablement il n'en existeroit plus de vestiges, et son nom seroit oublié comme celui de tant d'autres villes aussi peu importantes. On y voit des traces qui semblent récentes, d'une population qui a disparu depuis des siècles ; les bâtimens ne sont pas conservés en entier, ils ont souffert de l'éruption et des tra-

vaux des mineurs , mais ils n'ont point l'aspect
de ruines ; les ornemens qui les décorent ont
encore de la fraîcheur ; les pierres qui pavent
les rues sont sillonnées par les traces des roues;
cependant , on n'entend plus le bruit des chars
et des chevaux qui semblent y avoir passé il y a
peu d'instans. Pourquoi ne voit-on aucun habitant
paroître à la porte des boutiques et des maisons?
On distingue sur les banques l'empreinte des
vases qui y avoient été posés. Voilà les lits
qui servoient aux festins , voilà les cuves de
marbre entourées de colonnes , destinées aux
bains ; les murs sont décorés de peintures ;
des danseuses, des amours. Ces ruines, qui sont
pour nous les monumens d'une grande cala-
mité, portent les traces des fêtes et du plaisir;
les noms des soldats sont écrits sur les murailles de leur logement, les fontaines sont encore debout dans les places solitaires , mais
elles ne coulent plus. Si on n'avoit pas dépouillé ces lieux des meubles qui y ont été
trouvés , les ornemens des femmes seroient
encore placés dans les appartemens qu'elles occupoient; on verroit dans les temples les statues
des dieux et les dons que le peuple déposoit
à leurs pieds. Des souvenirs si frappans inspirent de profondes réflexions ; on pense sans

cesse à l'affreuse catastrophe qui détruisit une ville entière, et qui ôta la vie à tant d'individus. Qu'ils sont peu de chose, cependant, les jours dont le volcan les a privés, dans l'immensité des temps qui nous séparent d'eux ! Quelques années plus tard, ils devoient tous finir leur carrière.

Les travaux des ouvriers et les courses des voyageurs donnent seuls quelque activité à cette ville ; une population moderne parcourt ces rues qui furent élevées avant le règne d'Auguste ; des bœufs, couchés sous un portique, ruminent pendant l'heure du repos qui leur est accordé ; des manœuvres prennent leur repas dans un carrefour ; des curieux, dirigés par un guide, se promènent lentement dans les rues ; un peintre, assis sur les marbres qui formoient les siéges d'un théâtre, dessine un morceau antique, et les vétérans auxquels la garde de Pompeia est confiée, sont en faction dans le quartier habité autrefois par les légions Romaines.

La rue des tombeaux est une des parties de la ville qui ont le moins souffert : ces monumens réunis forment comme un faubourg ; on lit sur ces marbres des inscriptions ; on y voit des bas-reliefs délicatement exécutés. A l'entrée de

la ville, sont placés de grands bancs de pierre
de forme circulaire ; c'est là que s'asseioient les
étrangers qui attendoient qu'on leur offrît l'hospitalité : des arbres leur fournissoient de l'ombrage, une source jaillissoit sans doute à peu
de distance. Transportons-nous dans les temps
passés, animons ces lieux par le tableau des
mœurs anciennes; représentons-nous les jeunes
filles de la ville, qui viennent, le soir, puiser de
l'eau, et qui approchent leur cruche des lèvres
altérées du voyageur; suivons un convoi funèbre qui va placer les cendres d'un des habitans dans la tombe de sa famille, tandis
que des parens, penchés sur ces marbres, répandent des larmes.

On est étonné de la petitesse des maisons
de Pompeia, quand on les compare à la grandeur et au nombre des bâtimens publics. Combien une petite ville de nos jours, dont les
logemens des particuliers sont vastes et com-
modes, paroîtroit, à côté de Pompeia, pauvre
en édifices de ce genre, et que ses temples,
ses théâtres, si elle en possède, sembleroient
mesquins ! Ce rapprochement retrace seul la
différence des mœurs anciennes et des mœurs
modernes : on voit combien l'esprit public avoit
plus de force chez les anciens.

Le dernier jour qui se leva pour les infortunés habitans de Pompeia, ils étoient, à ce
que l'on croit, rassemblés au théâtre : les éruptions du Vésuve n'étoient point connues ; s'il
y en avoit eu avant cette époque, c'étoit si an-
ciennement, qu'on en avoit perdu la tradition ;
les boutiques étoient ouvertes, les rues bruyantes
et animées ; tout-à-coup éclatent les phénomènes
dont Pline parle dans sa lettre à Tacite ; la terre
est ébranlée de fortes secousses, la mer s'agite,
les flots s'amoncèlent, se replient sur eux-
mêmes et laissent le rivage à sec ; l'épouvante
et le tumulte règnent dans l'amphithéâtre ; un
nuage d'une grandeur extraordinaire s'élève du
Vésuve, se dirige sur la ville et y répand des
cendres et des pierres. L'enceinte des jeux est
abandonnée ; on assiège les temples, on in-
voque les dieux, on embrasse les autels ; mais
les entrailles des victimes ne présentent que
des signes effrayans, et l'encens, repoussé par
une atmosphère pesante, retombe sur la terre :
les dieux, s'écrie-t-on, veulent la ruine de cet
univers ; où fuir ? où se dérober à ces vapeurs
suffoquantes, à cet air embrasé, à ces torrens
de cendres et de matières calcinées qui augmentent sans cesse ? La lumière du soleil est
voilée ; on se presse, on s'égare ; des cris de

désespoir se font entendre de tous côtés, des mères cherchent leurs enfans perdus dans la foule, des enfans demandent en vain leurs parens ; les flammes qui sortent du volcan éclairent seules cette scène de désolation.

Un habitant a voulu sauver ses effets les plus précieux ; il va quitter sa demeure, mais des amas de cendres ont fermé sa porte ; il est trop tard, il ne trouve plus d'issue : des femmes imprudentes se réfugient dans un souterrain, les exhalaisons, une température brûlante les accablent, l'air leur manque ; elles se pressent les unes contre les autres, et succombent : des prisonniers sont oubliés dans les cachots ; on n'entend ni le bruit de leurs fers qu'ils agitent, ni leurs affreux gémissemens. Ceux qui quittèrent la ville trouvèrent-ils leur salut dans les campagnes désolées par cette pluie de cendres qui parvint jusqu'à Rome, et qui, sur la côte opposée, donna aux habitans de Misène des inquiétudes pour leur vie ? Le lendemain, le soleil ne se leva point pour cette malheureuse contrée, et lorsqu'il parut, quel spectacle vint-il éclairer ? Pompeia n'existoit plus. Cependant, tandis que chacun s'éloignoit de cette rive infortunée, Pline l'ancien, chef de la flotte de Misène, traverse une mer orageuse et se rend

à Stabbia, sur le lieu même du danger ; il
cherche à inspirer le calme à une multitude
effrayée, et paroît tranquille et serein au milieu des cris et du tumulte ; mais l'éruption
augmente sans cesse, la mer n'est plus abor-
dable ; il périt victime de son intrépidité. Les
habitans d'Herculanum, plus heureux que ceux
de Pompeia, ne furent point ensevelis sous les
cendres, ils purent quitter leurs demeures à
l'approche des flots de laves qui se dirigeoient
sur la ville.

Plus de seize siècles se sont écoulés depuis la
destruction de Pompeia et d'Herculanum, jusqu'au moment où on a découvert leurs ruines ;
on savoit que ces villes avoient existé, mais les
antiquaires n'étoient pas d'accord sur le lieu
qu'elles occupoient : des habitations, deux
villes, un palais s'élevoient au-dessus d'Herculanum ; des champs, des chaumières couvroient
Pompeia, et les habitans, ignorant les révolutions du sol qu'ils habitoient, fouloient aux
pieds, sans le savoir, les monumens du luxe
des Romains : c'est ainsi que les scènes de la
vie changent. Des fouilles faites par l'ordre du
duc d'Elbœuf, en 1713, firent connoître la situation d'Herculanum ; Pompeia fut découverte
quelques années plus tard : des peupliers entre-

lacés de guirlandes de vigne, des pins, des
arbres fruitiers croissent encore sur les parties
de Pompeia qui ne sont pas déblayées ; peu-à-
peu les carreaux de lupins, de blé de Turquie,
les prairies émaillées de fleurs, s'écroulent sous
les efforts des fossoyeurs, les arbres tombent,
la pompe champêtre de ces lieux s'évanouit ; ce
théâtre des jeux, des danses, des paisibles travaux des habitans disparoît pour céder la place
à une ville vieille de dix-huit siècles ; le paysan
qui cultive son champ pour la dernière fois, la
jeune fille qui en transporte les fruits, voient à
leurs pieds des débris antiques, des chapiteaux,
des colonnes reparoître à la lumière ; on déblaie
une habitation, on retrouve les murs de la ville,
on découvre l'amphithéâtre ; les tiges des plantes
rampantes qui manquent d'appui se déroulent
le long des excavations, et viennent couvrir de
leur feuillage et de leurs fleurs la sommité d'un
édifice ou d'un tombeau.

Si l'on veut voir des monumens plus anciens
encore, il faut aller à Pestum, situé à une journée et demie de Naples : la route suit les bords
de la mer jusqu'à Torre dell' Annuziata ; elle
s'avance ensuite dans un pays d'une étonnante
fertilité ; elle traverse les villes de Nocera et
de la Cava. Dans un village, nous voyons une

foire établie ; un marchand a placé dans une grange sa cargaison de tambours de basques, un des habitans saisit un de ces instrumens et en joue, le bal se forme, et les marchés se concluent au bruit des grelots et des cris des danseurs.

Nous dînons à Salerne, nous arrivons le soir à Eboli ; cette petite ville de la province citérieure est dans une charmante situation ; une avenue de grands arbres placés irrégulièrement conduit à l'antique porte de la ville, à côté de laquelle coule une belle fontaine. On entendoit les chants des rossignols retirés sous les oliviers et les orangers ; une vieille chapelle isolée s'élevoit sur le chemin, une chouette réfugiée dans l'intérieur poussoit des cris aigus et monotones, qui devinrent plus perçans dans le silence de la nuit ; une petite lampe qui brûloit devant une madone peinte sur le mur de la chapelle, éclairoit la grande route.

En sortant d'Eboli, on atteint des plaines incultes ; les habitans voyagent à cheval, armés de fusils. Notre voiture étant arrêtée au passage d'une rivière que l'on traverse sur un bac, nous nous avançons à pied. Après une heure de marche, nous apercevons les colonnes des temples de Pestum, qui s'élèvent dans un pays désert, au milieu des ronces.

Une partie des monumens antiques que l'on admire en Italie sont entourés de constructions récentes, et semblent déplacés dans les rues d'une ville moderne ; les temples de Pestum, dans un pays inhabité, à vingt lieues de la capitale, sur les bords de la mer, visités seulement par quelques voyageurs, conservent toute la majesté que le temps et la beauté de leurs constructions leur ont imprimée.

On voit d'abord les ruines de l'ancienne muraille de Pestum, de deux milles et demi de tour : au milieu de cette enceinte, sont placés les trois temples, à peu de distance les uns des autres ; le premier est le moins grand, le second est le plus beau et le mieux conservé ; les colonnes qui le forment, comme celles des deux autres temples, sont d'ordre dorique, cannelées, sans base, fort massives dans le bas et diminuant de diamètre en s'élevant ; elles sont de Travertin, d'une belle couleur rougeâtre ; l'intérieur du temple en contient de moindres dimensions, qui sont surmontées d'un rang de plus petites encore qui forment un second étage. On croit que le troisième édifice de Pestum étoit destiné à recevoir les magistrats, qui s'y rassembloient pour s'occuper des affaires de l'État. Toutes les pièces de construction de ces monumens, taillées de manière à adhérer les unes aux autres, sont réunies sans ciment. Ces édifices ne se font point remarquer par la délicatesse des ornemens et par leur élégance; mais ils frappent par leur solidité, leur grandeur, l'harmonie qui règne dans toutes les parties qui les composent; vus de loin, ils forment comme une forêt de colonnes; de l'intérieur, ces belles colonnes se dessinent d'un côté sur la mer, de l'autre sur les montagnes dont elles encadrent les pentes couvertes de verdure.

En Italie, on voit partout des traces des Romains; on les suit dans toutes les époques de leur histoire : voici des monumens plus anciens que les empereurs et les consuls; ils nous transportent en Grèce, cette contrée si florissante lorsque le nom de Rome étoit obscur, et qui, soumise, fut encore la maîtresse de ses vainqueurs dans les beaux-arts, la philosophie et l'éloquence.

On croit que la ville de Pestum fut fondée par une colonie de Doriens qui la nommèrent Possidonie, du nom de Neptune : les Sybarites, un des peuples de la Grande-Grèce, ayant été vaincus par les habitans de Crotone, abandonnèrent leur capitale, et se réfugièrent à Possidonie, qui, dans la suite, prit le nom de Pestum.

Les colonies grecques dans la partie méridionale de l'Italie, étoient parvenues à un haut degré de prospérité; elles rivalisoient avec leurs métropoles par leurs richesses et leur magnificence : des villes opulentes, telles que Crotone, Métaponte, Héraclée, Tarente, Sybaris, Thurium, formoient la grande Grèce; Pythagore, sorti de Samos, fut le législateur de cette contrée; il y arriva lorsque Tullus Hostilius régnoit à Rome, l'an 85, environ, de la fondation de cette ville.

Pythagore paroît en Italie (1), et les nations grecques se soumettent à ses lois; il leur apprend à vivre en paix avec leurs voisins, à honorer les dieux; il abolit les sacrifices sanglans; il se présente à la cour des tyrans, et les oblige à descendre du trône; il ramène les siècles de l'âge d'or dans ces heureuses contrées : les peuples s'écrient qu'un Dieu a paru sur la terre pour les délivrer des maux qui les accablent.

Représentons-nous Pythagore arrivant à Pestum, suivi de cette foule de disciples que sa renommée attachoit à ses pas. Cette ville étoit

---

(1) Voyage du Jeune Anacharsis, Chap. 75.

alors remplie des exilés de Sybaris, qui y avoient
apporté les débris de leurs richesses, et ce goût
pour les plaisirs qui avoit été la cause de leur
perte ; le cœur encore aigri par l'espoir de la
vengeance, ils portoient leurs regards vers cette
patrie qu'ils avoient perdue : combien les leçons
de ce grand homme étoient nécessaires pour
rappeler le calme parmi eux. Pythagore ensei-
gnoit dans les temples ; ainsi donc ces bâtimens
abandonnés l'ont vu, dans leurs jours de gloire,
remplir leur enceinte avec ses disciples, qui,
vêtus de robes blanches, emblêmes de la pureté
de leur ame, s'y rendent au lever du jour, et
font entendre des hymnes sur leur lyre. Le soir,
ils reviennent au temple, ils y offrent de l'encens aux dieux ; les derniers rayons du soleil
dorent les montagnes boisées qui s'élèvent à
l'est ; la mer, que l'on découvre à peu de distance, est couverte de bâtimens grecs qui
portent sur les côtes d'Italie les productions de
la Sicile et du Levant. Les habitans de Pestum
se rassemblent pour entendre les chants harmonieux des disciples de Pythagore ; à ces
accords, succèdent les discours du maître, qui
parle du respect dû à la divinité, de la paix qui
doit régner parmi les hommes : le calme d'une
belle nuit ajoute à l'impression de ses paroles,

le peuple l'écoute en silence; des femmes couvertes de voiles de pourpre, assises sur les degrés du temple, sentent leurs cœurs s'ouvrir à
des sentimens d'enthousiasme et de vertu.

L'an 360 de la fondation de Rome, Pestum
tomba au pouvoir des Lucaniens, qui permirent cependant aux habitans de demeurer
dans leur patrie : la nation vaincue institua une
cérémonie annuelle pour pleurer la perte de
son indépendance, de ses lois, de son antique
splendeur. Lorsque les destins eurent courbé
toute l'Italie sous le joug d'un seul peuple, la
Lucanie devint province romaine.

Après la chute de l'empire d'Occident, dans
cette période désastreuse où les Lombards et
les Grecs se disputèrent l'Italie, la ville de
Pestum dut beaucoup souffrir; ses maux devinrent plus grands encore dans le 9.ᵉ siècle,
lorsque les Sarrasins, après avoir conquis l'Afrique et l'Espagne, devinrent les maîtres de la
Sicile et d'une partie de la péninsule : ils en
furent chassés au commencement du 10.ᵉ siècle
par les ducs de Naples et de Gaëte, le pape et
l'empereur ; mais avant d'abandonner la ville
de Pestum, ils la ravagèrent, y mirent le feu
et la ruinèrent presque complétement; les habitans cherchèrent un asile dans les montagnes

voisines. L'an 1080, Robert Guiscard, aveuglé
par un faux zèle et une piété mal entendue,
détruisit ce qui avoit échappé aux barbares de
cette malheureuse cité ; il fit transporter à Salerne plusieurs colonnes et d'autres objets précieux qui servirent à l'embellissement de l'é-
glise de San Matteo.

Depuis cette époque, elle est tombée dans
un oubli complet ; ses ruines, qui avoient résisté à tant de révolutions, servoient d'asile aux
pâtres ignorans et aux chasseurs ; ce n'est que
dans l'année 1743 que le hasard les fit connoître ; elles furent visitées par des savans et
des artistes : on en a donné des descriptions
exactes ; elles ont été souvent gravées.

CHAPITRE X.

RETOUR.

LE 5 juin, le maître du bâtiment sur lequel nous devions nous embarquer, vient annoncer que le vent est favorable ; nous emballons nos effets, nous disons adieu à nos amis; ils nous accompagnent sur le rivage : cependant on ne part point; la journée se passe à attendre les passagers. A neuf heures du soir, tout l'équipage est réuni ; à minuit on lève l'ancre, et le bâtiment s'éloigne de la côte, brillante des lumières de Naples : le vent étoit si foible, que le lendemain au jour, nous n'avions fait que doubler la pointe de Pausilippe.

Nous avions loué le bâtiment pour nous transporter à Livourne, laissant cependant au propriétaire la permission de prendre quelques passagers ; il avoit réussi à en réunir un grand nombre ; la cabine étoit réservée à une famille angloise composée de deux jeunes dames et de leur père ; nous avions fait la route de Rome à Naples avec elle ; ces aimables voyageurs nous avoient permis de les accompagner au

Vésuve, à Pompéia, à Pestum : leur société
avoit embelli notre séjour à Naples, nous nous
trouvâmes fort heureux de prolonger le temps
que nous devions passer près d'eux.

Les autres passagers se divisoient en deux
bandes : les uns, officiers corses au service de
Murat, avoient réussi à s'échapper de Naples,
et se rendoient secrètement dans leur patrie ;
les autres, des François attachés à la maison
du roi détrôné, comme maîtres d'hôtel, échan-
sons, payeurs. Les partisans de Joachim sortoient du royaume, cédant la place à la foule
qui y rentroit sur les pas des Princes de la
famille de Bourbon.

Une partie de la cale étoit abandonnée aux
matelots ; une voiture, des ballots et les passagers occupoient le reste. Les uns passoient la
nuit dans des hamacs, d'autres dans le fond
du bâtiment, et ceux qui n'étoient pas assez
heureux pour trouver une place au milieu des
malles, des marchandises et des paniers, dor-
moient en plein air sur le pont.

Nous voguions tantôt côtoyant le rivage,
tantôt nous avançant en pleine mer, et distin-
guant à peine la côte, nous dépassons les îles
de Ponza : le soir, nous étions vis-à-vis de
Terracine, dont nous crûmes découvrir les
rochers blanchâtres.

Le second jour on étoit à la hauteur de Rome :
nous soupirâmes à l'idée que nous passions
loin de cette ville, où des souvenirs si vifs
nous attiroient. La soirée fut charmante ; nous
vîmes le soleil descendre dans un ciel pur, et
se plonger dans l'immense mer ; un ou deux
vaisseaux paroissoient au loin dans cet horizon
sans bornes. Quelques jeunes gens jouoient de
la guitare sur le pont, et s'accompagnoient en
chantant ; les matelots et les passagers les écou-
toient, formant un cercle autour d'eux, tandis
que le bâtiment, poussé par un vent favorable,
s'avançoit avec rapidité. A la fin du jour, des
troupes d'immenses poissons parurent à la
proue et à la poupe ; on les voyoit s'élever
en bondissant au-dessus des eaux, plonger, un
instant après reparoître à une très-grande distance, et lorsque nous les cherchions bien loin,
entourer le bâtiment ; on nous dit qu'ils étoient
un présage de mauvais temps. Au commencement de la nuit, le vent devint très-fort, nous
faisions six milles par heure ; à minuit je montai
sur le pont ; notre marche étoit encore accé-
lérée : les matelots, dans une grande activité,
changeoient à chaque instant la direction des
voiles, et n'en laissoient déployées qu'une petite
partie. Le jour se leva très-sombre, la pluie

commença à tomber avec violence; on ferma
l'entrée de la cale, et nous nous y trouvâmes
entassés, ballottés, manquant d'air, plusieurs
d'entre nous souffrant de la mer; nos hamacs
s'entrechoquoient, les caisses et les effets rou-
loient dans le fond, les matelots paroissoient
inquiets, ils parloient entr'eux avec agitation
et couroient sans cesse d'une extrémité du
bâtiment à l'autre. Ils résolurent d'aborder, et
d'entrer, s'il étoit possible, dans le petit port de
San Stefano sur les côtes d'Orbitello en Toscane,
que nous longions : la manœuvre étoit difficile,
elle fut manquée; il falloit serrer de près le rivage. A la pointe d'un rocher, le vent s'engouffra
dans les voiles et fit pencher tellement le bâtiment qu'il se couvrit d'eau; on coupe à l'instant
les cordes qui retiennent les voiles, et on n'en
garde qu'une petite. Tous les passagers se trouvèrent tout-à-coup sur le pont, mais ils gênoient
les manœuvres, et il fallut redescendre. Nous
étions assis dans le fond de cale, ne parlant
point; un domestique françois rompoit seul le
silence; il avoit amusé nos loisirs de la traversée
par son babil intarissable, ses histoires et sa
gaieté : dans ce moment il manifestoit la plus
vive inquiétude; il montoit sans cesse sur le
pont, et en redescendoit en disant : Messieurs,

tout est perdu, je vous l'avois dit, vous n'avez pas voulu me croire, vous verrez ; puis s'apercevant qu'on ne l'écoutoit pas, il récapituloit à voix haute tous les dangers qu'il avoit couru sur mer, et juroit, s'il en réchappoit, de ne plus s'exposer sur un élément qui lui étoit si contraire.

Enfin, après avoir essuyé plusieurs coups de vent, nous vîmes devant nous le petit port de Talamone, et nous y entrâmes à pleines voiles ; nous jetâmes l'ancre ; le bâtiment, fort agité, nous balançoit d'une manière fort pénible : enfin notre chaloupe nous conduit à terre les uns après les autres, et on vient du rivage nous reconnoître et demander nos certificats de santé.

Talamone est une petite ville entourée de murailles fortifiées ; elle est bâtie sur la pente d'une colline ; la côte forme un golfe, et la partie opposée à la ville est couverte d'arbres et de verdure. Talamone a joué un rôle autrefois ; aujourd'hui elle est oubliée et semble abandonnée de ses habitans : nous montons dans des rues escarpées, et nous arrivons à la maison qu'on nous dit être l'auberge. La paysanne qui vient nous ouvrir, est bien étonnée de voir à sa porte vingt personnes qui

veulent loger chez elle, et qui lui demandent
à dîner; elle hésite à nous recevoir, nous in-
sistons; on parvient à composer un repas auquel quelques-uns des passagers voulurent bien
mettre la main, et qui fut servi à quatre heures,
avec l'appareil et la régularité d'une grande
hôtellerie.

Une partie des voyageurs passa la nuit à terre,
le reste retourna sur le bâtiment: la mer étoit
devenue calme; le lendemain à l'entrée de la
nuit, nous mettons à la voile, nous éteignons
les feux pour ne pas être aperçus d'un bâtiment barbaresque qu'on avoit vu croiser dans
les environs et qu'on avoit entendu tirer quelques coups de canon. Le pavillon Anglois que
nous portions, nous mettoit à l'abri d'une attaque, mais non d'une visite que ces corsaires
font souvent pour demander de l'argent, et
qui auroit suffi pour nous condamner à une
quarantaine, au premier port où nous aurions
débarqué : nous leur échappâmes heureusement. Le matin, nous étions dans le détroit
formé par la côte basse de Piombino et l'île
d'Elbe : il y avoit quelques mois que les étrangers, les Anglois surtout, qui remplissoient
l'Italie, se portoient en foule dans cette île;
maintenant elle n'excitoit plus la curiosité, tout
étoit bien changé.

Nous découvrons enfin le port de Livourne terme de notre voyage; la tour de la lanterne, la colline de Montenero. Le vent se ranime, et nous sommes dans la rade, au milieu des bâtimens; nous nous réjouissons de quitter notre étroite prison : tout-à-coup un ordre arrive qui nous défend d'avancer; des gardes sont mis sur notre bord ; le mot effrayant de quarantaine est prononcé; une heure, deux heures se passent dans l'inquiétude; enfin, un employé de la santé vient nous commander de nous rendre au lazaret; il est mal accueilli, on interrompt sa harangue, on refuse de le suivre; il se retire, irrité du peu de succès de sa mission. Un officier d'un grade supérieur se présente et réitère l'ordre fatal; il faut obéir.

Nous descendons tristement dans un bateau et traversons la rade; le peuple reconnoissant les équipages de la santé, se presse sur un pont sous lequel nous passons, pour voir les malheureux que l'on conduit en captivité. Nous nous détournons dans des canaux hors de vue, dont la solitude contraste avec le mouvement du port. La barque s'arrête devant une porte grillée; elle s'ouvre, et se referme derrière nous au bruit des verroux. Nous voilà enfermés dans le lazaret, dans cette enceinte où régnent toujours l'ennui, la défiance, les plus tristes images. Deux vieux militaires, les souverains de ce lugubre séjour, assez ressemblant, par leur antique uniforme et leur démarche lente, à ces commandans de forteresse que l'on voit sur le théâtre, viennent nous recevoir; ils nous accueillent avec bonté, et assurent que nous ne sommes retenus que momentanément et par mesure de police; que la veille encore, nous aurions été soumis à une quarantaine qui avoit été levée le jour même pour les bâtimens de Naples : mais leurs consolations nous inspiroient peu de confiance, et nous regardions avec inquiétude les individus en quarantaine, qui se promenoient dans la cour et dont un factionnaire nous séparoit.

Le temps s'écouloit; on avoit apporté nos effets: fatigués de réclamer et de nous plaindre, nous nous endormions au milieu de la cour, lorsqu'à dix heures du soir on appelle tous les voyageurs. Des commissaires examinent nos passeports, nous interrogent, et nous donnent enfin la permission de sortir. On nous conduit par des détours obscurs à la porte de terre; ravis d'une délivrance si prompte, nous faisons gaiement notre entrée à Livourne.

Nous revîmes Pise et Luques; de cette dernière ville, on se rend à Florence par Pistoie, Peschia, et ces belles vallées que M. Lullin de Châteauvieux décrit si agréablement dans sa sixième lettre. Nous fîmes de Florence une course à Vallombreuse, célèbre et antique abbaye, qui a été supprimée.

Nous allâmes en voiture jusqu'à Pélago, à quelques milles du couvent; là, nous prîmes des mulets. Le chemin qui conduit à l'abbaye est agréable, il étoit orné d'une multitude de genêts fleuris; une épaisse forêt de sapins ombrage la dernière partie de la route; en en sortant, on se trouve dans un vallon charmant dominé par un amphithéâtre de collines couvertes d'arbres de feuillages différens qui entourent les jardins, les prairies, les champs et les sentiers du bas de la vallée. Lorsque nous arrivâmes, on coupoit des forêts de sapins; on voyoit le sommet de ces arbres antiques s'agiter et s'écrouler avec fracas sur les rameaux voisins. Un entrepreneur dirigeoit les travaux, des ouvriers dépouilloient les bois et les équarrissoient; ces bois devoient être conduits à Livourne, pour y être employés aux constructions de la marine.

L'abbaye de Vallombreuse, qui a subsisté jusqu'à nos jours, fut fondée dans le onzième siècle, par St. Gualbert, moine florentin.

Ces belles et riches chartreuses, ces couvens de Camaldules et de Bénédictins, dans des vallées retirées, sur des collines, au milieu des forêts, dont la fondation remonte aux siècles du moyen âge, qui, abandonnés aujourd'hui et presque déserts, offrent encore des vestiges de leur splendeur, ont conservé un caractère imposant. Dans le moment de l'enthousiasme pour la vie contemplative, un homme dégoûté du monde, se retira dans un lieu solitaire, quelques disciples se réunirent à lui ; peu-à-peu ils défrichèrent les environs, des colons viennent partager leurs travaux, et reconnoissent les religieux pour leurs maîtres. Une image grossière que les cénobites adorent, les reliques du fondateur placé au rang des saints, attirent des pélerins et des offrandes au couvent; des princes l'enrichissent de leurs dons ; une église d'une architecture imposante s'élève, les autels brillent de l'éclat de l'or et des pierres précieuses ; des peintres célèbres sont appelés pour décorer le temple : au milieu des forêts, la demeure de simples religieux renferme les chefs-d'œuvre des arts.

Aujourd'hui ces couvens ont été dépouillés, les voûtes ne retentissent plus des chants sacrés; quelques moines, restés fidèles aux vœux dont on les a déliés, errent comme des ombres, dans les corridors pavés de marbre, et se perdent dans l'immensité des bâtimens ; ils racontent en soupirant, aux voyageurs qui visitent ces ruines, l'ancienne splendeur de leur maison, et l'hospitalité qu'on y accordoit autrefois aux passagers.

En France, lors de la révolution, les premières idées de liberté qui pénétrèrent dans les cloîtres durent y exciter une grande fermentation ; doit-on s'étonner si plusieurs de ces hommes qui gémissoient d'un sacrifice fait sans réflexion, s'attachassent avec enthousiasme au parti qui les rendoit à l'existence et au bonheur ? Mais lorsque ceux d'entr'eux qui se lancèrent sans mesure dans la cause de la révolution, reconnurent les excès auxquels ils avoient été entraînés, et qu'ils en devinrent eux-mêmes les victimes, avec quel sentiment de regret ne pensèrent-ils pas alors à leur ancienne cellule, à l'enclos qu'ils cultivoient, aux cyprès à l'ombre desquels ils venoient méditer, aux premiers jours de leur vie passés dans l'obscurité et l'innocence, loin des orages du monde et des factions.

A notre retour à Pélago, toute la population du village, qui nous avoit vus partir, hommes,

femmes, enfans, nous attendoient sur la place ;
les enfans nous suivent en demandant l'aumône
jusque dans le chambre où nous nous réfugions ;
les maîtres et les filles de l'auberge se joignent
aux solliciteurs ; les gens que nous avions employés augmentent leurs prétentions, à mesure
qu'on satisfait à leurs demandes : nous nous
esquivons à la hâte, laissant une foule de mécontens ; le moment du paiement nous a fait
des ennemis de tous ces compagnons, jusqu'a-
lors si dociles et empressés.

Le lendemain, forcé de quitter Florence, je
me séparai des amis auxquels je dois une grande
partie des plaisirs de mon voyage. Le sentiment
d'isolement qu'on éprouve souvent dans un
pays où l'on est étranger à tout le monde, est
pénible. Pour apprécier les beautés de l'Italie,
on a besoin, peut-être plus encore qu'ailleurs,
de conversations et de réflexions, de recevoir
les idées des autres et de leur communiquer les
siennes : il est triste d'admirer seul ; comment
livrer à l'enthousiasme lorsqu'on n'a personne
à échauffer du feu qui vous anime ? Un peu
d'enthousiasme, cependant, est nécessaire en
Italie ; en critiquant on veut souvent faire preuve
d'esprit et de finesse ; le sentiment de l'admiration est plus grand et plus noble ; on croit

s'élever en saisissant des beautés supérieures, se raprocher de ce qu'on admire, et partager la gloire de l'auteur.

Je partis en voiturin de Florence ; j'avois le bonheur d'avoir pour compagnon un de mes amis d'enfance, qui avoit passé quelques années à Naples, et qui revenoit en Suisse avec moi. Nous traversâmes les Apennins, dabord cultivés, ensuite tristes et arides ; nous passâmes la nuit dans une auberge de village ; le matin de bonne heure nous découvrîmes les feux de Pietra Mala, qui brûloient dans l'éloignement.

Nous traversâmes les riches campagnes de la haute Italie, mais nous ne jouissions de ce beau spectacle qu'avec inquiétude, et nous déplorions la marche lente de notre voiturin. Une grande question alloit être décidée en Europe : toutes les forces du Nord menaçoient la France ; Genève, notre patrie, étoit vivement intéressée dans cette lutte ; elle étoit entourée de troupes et de quartiers-généraux qui interrompoient ses communications avec le reste de la Suisse. En arrivant à Milan, nous lûmes un bulletin qui parloit de combats livrés sur les bords du lac Léman, entre les troupes françoises et les troupes autrichiennes qui avoient pénétré par le Simplon. Cette route, construite avec de si grandes dépenses par Bonaparte , pour maintenir l'Italie dans sa dépendance , n'a pas empêché cette contrée d'échapper à sa domination lors de ses revers, et dans la dernière époque de son histoire , a servi ses ennemis contre lui.

Le soir même de notre arrivée à Milan, on annonce vaguement une défaite de Bonaparte ; ce bruit prend de la consistance et se confirme; on y ajoute des circonstances inattendues et presque incroyables : l'armée françoise est en déroute , rien ne peut arrêter la marche des Alliés sur Paris ; Napoléon est en fuite ; il est rentré précipitamment dans sa capitale , il a signé son abdication : voilà donc la paix rétablie , et la tranquillité rendue à l'Europe.

Cette idée embellit notre séjour à Milan : nous étions dans les plus beaux jours de l'année ; le soir, le peuple se répandoit en foule dans les rues, tous les cafés étoient illuminés, la masse imposante de la cathédrale se dessinoit dans les airs ; la façade, nouvellement construite , d'un blanc pur, paroissoit avec éclat sur l'azur foncé du ciel.

Il existe en Italie peu d'édifices purement gothiques ; les architectes avoient sous les yeux les ruines des bâtimens antiques, qui devoient les diriger dans les temps de la décadence; les puissances maritimes rapportoient de la Sicile, de l'Asie Mineure, de la Grèce des débris de temples, des colonnes, des matériaux déjà travaillés, dont elles se servoient pour leurs constructions.

Si l'architecture noble et grande des Grecs est en harmonie avec l'idée que nous nous formons des époques brillantes d'Athènes et de Corinthe, les constructions gothiques ont aussi un caractère qui leur est propre : cette profusion d'ornemens qui exigent plus de temps et de travail que de goût, peignent les siècles du moyen âge. Ces arcs élancés, ces roses, ces pointes élevées sur lesquelles la corneille centenaire vient se percher; ces vitraux peints d'images brillantes, et qui ne laissent pénétrer dans l'intérieur qu'un jour foible et coloré; ces figures bizarres, ces statues de saints qui semblent avoir les yeux fixés sur vous; ces faisceaux de colonnes qui représentent, dit-on, les arbres des forêts recourbés par le haut, font un grand effet.

En quittant la cathédrale de Milan, si l'on veut continuer à vivre dans le moyen âge et compléter le tableau de cette époque de l'histoire, il faut aller dans la bibliothèque Ambroisienne; on y conserve des manuscrits précieux:

le plus grand nombre sont dûs aux travaux
des moines, qui, dépositaires des lettres dans
des temps d'ignorance, employoient leurs loisirs
si prolongés à copier les ouvrages anciens : ils
décoroient le parchemin sur lequel ils écrivoient, de vignettes brillantes d'or et d'azur;
l'un d'eux s'est peint lui-même sur une des
pages; on le voit travaillant dans sa cellule;
son nom et l'époque à laquelle il vivoit sont
tracés à l'entour. Tandis que tout retentissoit
du bruit des armes, que la barbarie régnoit
en Europe, ce moine obscur, patient et assidu,
travailloit pour les siècles à venir et transmettoit
à la postérité des ouvrages dont il ne connoissoit peut-être pas lui-même tout le prix.

Nous partons de Milan ; bientôt nous allons
quitter l'Italie. Nous arrivons à Côme, et nous
atteignons les frontières du Tessin, gardées par
les troupes du canton de Vaud ; nous recon-
noissons avec joie l'uniforme de nos voisins et
de nos compatriotes; le soir, après avoir traversé
le lac de Lugano, nous arrivons dans la ville
de ce nom, si heureusement située. L'antique
ville de Bellinzona, le bourg d'Airolo, la sombre
montagne du Saint-Gothard, la singulière vallée
d'Urseren, le riant bourg d'Altorf se présentent
successivement sur notre route. Nous traver-

sons le lac des quatre cantons, dans toute sa longueur, ce lac que les beautés sauvages de ses rives et des souvenirs historiques embellissent à l'envi ; nous débarquons à Lucerne, nous sommes déjà loin de l'Italie. Il est peu de voyageurs qui en quittant cette contrée, ne forment le projet d'y revenir un jour, après avoir consacré l'intervalle qui séparera le second voyage du premier, à des études qui doivent en augmenter les jouissances. De retour chez soi, des occupations, des liens de toute espèce vous retiennent souvent, et les souvenirs qu'on a conservés deviennent encore plus précieux ; ils occupent agréablement les instans que l'on peut donner à la réflexion : l'hiver, au coin du feu, le soir, au moment où le jour fuit, on parcourt de nouveau ces contrées, si variées par leur aspect, par les mœurs de leurs habitans. Rome surtout se présente avec un charme qui ne s'efface point : on ne pense pas sans émotion que l'on a habité cette ville célèbre ; qu'on a vu ces lieux dont l'histoire a été l'objet des études de notre enfance, et dont les noms, consacrés par tant de souvenirs, ne se prononcent point sans causer une grande impression.

FIN.

TABLE DES CHAPITRES

contenus dans cet ouvrage.

~~~~~

Fin de la Table.